結婚しても一人

自分の人生を生ききる

下重暁子

光文社新書

結婚しても一人

目次

第1章　なぜ私は結婚したのか——11

第2章

第4章

結婚と子ども

第5章

私の矜持

構成　砂田明子

第1章

なぜ私は結婚したのか

うっかり結婚して「しまった!」

「自分のことは自分で養って生きていく」と決めたのは、小学3年生、9歳のときだ。敗戦で、大人たちの態度や発言は一変した。エリート軍人だった父は公職追放され、堕《お》ちた偶像となった。学校の教科書は墨で塗りつぶされた。男も女も当てにならないから、自分は自分で食べていく。それだけは一生貫く。

子ども時代の決意は、成長するにつれてより強固になり、いまの私がある。

だからこそ、結婚するつもりもなかったし、結婚したいとも思っていなかった。

しかし、かつては「結婚適齢期」という言葉があった。結婚するのにふさわしいとされる年ごろで(大辞泉)、誰が決めたか知らないが、私がNHKのアナウンサーをしていた昭和30年代は、24歳が適齢期と言われた。

適齢期近くになると、私のもとにはさまざまなところから〝紹介〟がもたらされた。外国に行くたびに土産を買ってきてくれる番組共演者もいたし、面と向かって指輪のサイズを聞かれたこともあった。テレビ画面越しに私は、大人しそうに、優しそうに映っていたようだ。言うまでもないが、人は見かけによらない。

大袈裟に言えば、私の環境は、毎日お見合いをしているようなものだった。「女は面倒くさい」と幾度思ったことか。

しかし結婚に興味がないから、当然、知らん顔をしていた。「自分で生きていく」と決めていたからである。

そんな私が、

「つい」

「うっかり」

結婚してしまった。

正直言って、いまでも「しまった！」と思っている。

結婚したのは36歳のとき。相手は３つ年下の、飲み友達だったテレビのプロデューサーである。

生活を共にしても籍を入れる気がなかった私が、やむを得ず入籍に同意したのは理由がある。つれあいを海外へ特派員として行かせたいので結婚の届けを出してほしいと、つれあいの上司に直接頼まれたのだ。「結婚」が、海外赴任の暗黙の条件となっていたのだろうか。そんな時代だった。

当時、私は9年間勤めたＮＨＫをやめてフリーランスになっていたが、相手は会社員。私が結婚しないせいで海外に行けないとしたらちょっとかわいそうだという出来心で、「つい」「うっかり」結婚してしまった。

そういうわけで、いまの時代だったら私は結婚していない。

50年続いたのは約束も束縛もなかったから

朝日新聞によると、20年以上同居した「熟年離婚」の割合は21・5％に上り、統計のある１９４７年以降で過去最高になった（２０２２年8月24日）。

そういう時代の趨勢《すうせい》があるものの、私たちの結婚生活は今年、50年を迎えた。数字を聞くと自分でもおののくが、ふと気づいたら50年、というのが素直な実感である。

結婚したからには死ぬまで添い遂げよう、と約束するカップルもいるようだが、私たちに限って言えば、結婚に際して「約束」は一切しなかった。

私は人とめったに約束しない。一般に、自分を縛るものが結婚であるがゆえに、結婚を嫌悪していた。他人に、自分の立場を保証してもらわねばならないなど、情けないではないか。

結婚にあたり、何の約束もしなかったからこそ、つまり、互いを縛るものが何もなかったからこそ、私たちはまだ一緒にいるのかもしれないと思っている。

結婚したいと望む編集者の女性がいる。

この本をまとめるにあたり、「結婚」について、周囲の知り合いや編集者たちとさまざまなディスカッションをおこなった。とくに、私とは見解や生き方、世代の違う人間の意見に私は耳を傾けた。10人いれば10人の「結婚観」があるはずである。

この本では、その一部ではあるが、多様で移りゆく結婚観を浮き彫りにしたいと考えた。多様ななかにも、これが結婚の正体と言えるような「何か」があるのか、ないのかを見ていきたい。

また私は新聞の切り抜きからさまざまなヒントを得るので、「結婚」にまつわるデータも収集している。こうした客観的データも、結婚を考える上では参考になるだろうから、この本では折に触れて紹介していく。

さて、「結婚したい」という気持ちが私にはよくわからないのだが、現代は未婚・非婚が進む一方で、「婚活」（結婚相手を探す活動）という言葉が広がったように、結婚を望む男女も多くいる。そして、その切実度は昔よりも高まっているようにも感じられる。

結婚したいと言う知人女性は結婚を「約束」であり、関係性の「固定」であると形容する。約束や固定は「安心」を生む。だから結婚がしたいのだと。裏を返せば、約束や固定のない関係性は流動的であり、自由であるが不安であると。

この考えを理解はするが、私はそうは考えない。

むしろ反対で、約束は鬱陶《うっとう》しいし、人間関係は固定したら面白くない。一人で不安な気持ちはわかるし私にもあるが、究極的に言えば、自分の不安は、夫婦であろうが親であろうが友人であろうが、他人が解決できるものではないのだ。

〝約束も束縛もない結婚〟だったから、私とつれあいはいまも続いている。

無論、離婚を否定する気持ちはまったくない。結婚するもしないも、離婚するもしないも、すべて個人の自由である。日本は制度が遅れているが、同性婚をはじめ、結婚のかたちも自由であるべきだと私は考えている。

結婚は「生活」である

なぜ入籍したかは先に述べたが、入籍する前に、つれあいと暮らし始めたきっかけがあった。出会いから少し振り返ろう。

32歳のとき、私はNHKをやめてフリーとなった。その後、当時のNET、現在のテレビ朝日でキャスターをしていたときに、番組のディレクター（のちにプロデューサー）の一人として現在のつれあいに出会った。

番組収録のために、私が彼を指名して二人で地方に出かけることもあったが、そのころの私は、直接の仕事仲間と特別な関係になることは絶対にしないと決めていた。彼は、お酒の強かった私の飲み友達の一人にすぎなかった。仕事をして生きていくことを決めていた私にとって、「仕事」が一番。「生活」は二番手、三番手だった。

その番組をやめてしばらく経《た》ったころだった。女性ディレクターから電話があって、「自由が丘で飲んでるから来ない？」と誘われたので出かけてみると、彼も一緒だった。そのころ私が住んでいた等々力の近くに、彼が一人暮らしをしていることをそのとき知った。

その後、二人で飲むことが増えた。彼の家に遊びに行くと、台所に立ち、料理を作ってくれる。趣味は料理だと言い、食材、献立、作り方にも自分流の、こだわりの料理がテーブルに並ぶ。酒の肴《さかな》が多いが、味は確かだ。

出来上がりを待つ間、私は椅子に腰かけて、のんびり本を読んでいる。

「トントントントントン」

包丁で食材を刻む軽やかな音が耳に心地よい。

ふと目を上げ、長い背を折って料理を作る彼の後ろ姿を見たとき、ある感慨が湧いた。

「こういう〝生活〟もひょっとしたら悪くないかもしれない。いや、私が嫌っていた生活は、もしかしたら、すべての土台なのかもしれない……」

生活の大切さに気づいた瞬間だった。

もし、彼に言葉で説かれていたら、天邪鬼《あまのじゃく》の私のことだからきっと反発しただろう。自分で気づくことができたから、説得力があったのだ。

30代に入り、私はキャスターの仕事に加え、物書きの仕事を始めていた。物を書いていくには、自分には生活感が欠けていると薄々感じていたころでもあった。生活を大切にしている人となら一緒に暮らすことができるかもしれない。そうして私たちの共同生活が始まった。

共同生活が「思いやり」を育む

「なぜ結婚したのですか？」

これまでの人生で、この質問を何度受けただろう。

当然ながら答えはいつも同じなのだが、とはいえそれは、一つではない。

結婚したことのある方には同意いただけると思うが、必然と偶然が交ざり合い、さまざまな要因やタイミングが重なって、人は結婚に至るものではないだろうか。

生活の大切さに気づかされたことに加えて、もう一つ、私には、人と生活することも必要だと思う理由があった。それは私の生育環境に起因している。

すでにいろんな本に書いたり話してきた通り、私は幼少期、結核になって、2年間、学校にも行けず、疎開先で寝ているしかない生活を送っていた。身の回りのことはすべて母やねえやが世話をしてくれるという、甘やかされた生活を送らざるを得なかった。

さらに、私には兄がいたが、この兄と父の折り合いが悪く、このままでは何か事件が起きるに違いないと心配した母は、兄を東京の祖父母に預けた。その結果、父の赴任先である大阪で、私は一人っ子同然で育つことになった。

そうした生活は、客観的に見て、我がまま放題だったと思う。それでなくても女の子が欲しくて仕方のなかった母は、もとより〝暁子命〟だった。

よって私には、人としての訓練ができていないという自覚があった。何時間でも一人で快適に過ごすことができる反面、人とどう付き合えばよいか、どのくらい人に深入りしてよいかがわからなかった。大人になるにつれ、人との距離感を学んでいったが、学生時代はつらい思いをした。

いや、いまでも私は、人の気持ちがわからないままかもしれない。自分勝手で、人が自分をどう思っているかにほとんど関心がない。この性質は「個」を確立することに大きく寄与した反面、思いやりのない人間に育ったという自覚もある。

「人の気持ちに鈍感すぎる」と、よく怒られたものだ。早稲田大学で同級生だった芥川賞作家の黒田夏子さんに、そう言われたこともあったし、親しくしていただいた大島渚監督に、「あなた自身が思っている以上に、たくさんの人に愛されているんだよ」と諭されたこともあった。

そういう私だったからこそ、共に暮らす人ができたことで、少しは人を「思いやる」気持ちが育《はぐく》まれたと思う。

一人で暮らしていれば、自分についてだけ考えていればよい。

しかし、一つ屋根の下に、自分以外の人間がいれば、否応なく、相手の立場やその日の状態などを思いやるようになる。朝起きて、相手の顔色が悪ければ、体の調子が悪いのではないかと心配する。連日帰りが遅ければ、仕事が忙しい時期なんだなあ、あまり無理はしないでほしいと、口に出さなくともどこかで気に留めている。

相手を思いやるのは、相手が自分の夫だからではない。家族であるからではない。

身近な他人だからだ。そして、身近な他人を思いやる気持ちを持つことで、もう少し遠い他人をも、思いやることができるようになっていくものだ。

だから私は、人と暮らすことは大切だと常々言ってきた。相手は男性でなくとも、女性でもいいし、二人でなくとも、三人でも四人でもいいだろう。

最近は、気の合う仲間とシェアハウスで暮らす若者が増えているという。老後は友人とシェアハウスで助け合って生活したいと言う独身編集者もいる。それは新しい家族の在り方かもしれない。

私もつれあいも、互いにある程度の「思いやり」を持っているが、「関心」は持っていない。相手の気持ちを「想像」はするが、あくまでも違う人間なのだから「理解」はできないとあきらめている。

一緒に暮らしているのだから、相手のことをよく理解しているでしょうと言われることがある。とんでもない、と思う。夫をよく理解している妻、妻をよく理解している夫が世の中にはいるのかもしれない。だが、突き詰めていくと、疑わしいのではないだろうか。よくわかっている「気がしている」だけなのではないだろうか。

そして、それでよいと私は思う。

これが私たちが50年間、共に暮らしてきた秘訣かもしれない。

大恋愛と大失恋のはてに

結婚はタイミングとも言う。

結婚、出産、離婚、そして再婚を経験している編集者は、最初の結婚は「失恋直後で弱っていたときにした」と話していた。弱ったとき、誰かに寄りかかりたくなる気持ちはよくわかる。

20代のころ、私も大恋愛をした。心底、惚れ切った。後にも先にも、私が惚れ切ったのは、彼一人。大学生のとき友人に誘われて行ったある大学の卒業演奏会で、私は聴衆の一人として舞台の一人に一目見たときから宿命を感じた。その後私が担当する音楽番組のゲストとして、その人が現れ、予感は現実になった。

離れているといつも会いたかったが、会うといつも苦しかった。そのころの私は純粋で、いまの私から見ると涙が出るほどいいやつだった。

彼の海外留学、私のＮＨＫからの独立をはさんで、関係は10年ほど続いた。その間、互いに結婚を意識しなかったわけではない。両方の親も認めた仲だった。しかし、私は結婚したくなかった。惚れ切っていたからこそ、私たちの関係を日常生活に堕《だ》することは、恋に対する冒涜《ぼうとく》のように思えたのだ。

現実的に考えて、芸術家の彼と結婚するならば、私は仕事をやめ、サポート役に回る必要があった。彼も心の奥ではそれを望んでいたと思う。と同時に、私がそういう生活に不向きな女であることもわかっていたはずだ。

それでも惚れた弱みで、彼が二度目の留学へ旅立ったとき、すべてを投げうって追いかけようかと心が揺れた。食事が喉を通らなくなるほど悩んだ。だがやはり、仕事をして生きていく、という自身の決意をあきらめるわけにはいかなかった。

大恋愛はえも言われぬ幸せを、大失恋は癒えぬ傷を私に残した。最終的に私は、この恋愛に終止符を打った。別れの日は雨だった。車で送られて帰る時、雨に合わせて涙が降りそそいだ。枕をぬらして眠れぬ夜を過ごしながら、ふと翌日の仕事を気にしている自分に気づいた。まだ明日の自分に期待しているうちは、生きられると思った。

時代と相手、その両方が、私に結婚か仕事、どちらかを選ぶことを要請した。

時代は変わり、結婚後も働く女性は増えた。共働き世帯は年々増加傾向にあり、いまや全体の6割以上である（令和2年版　厚生労働白書）。この変化は歓迎すべきことだが、それでも女性の結婚後の働き方については課題も多い。

恋愛の延長で結婚するカップルもいるだろう。恋とか愛ではなく、生活を重視して、友達の延長で結婚するカップルもいるだろう。

大失恋を経験して、魔が差したのかな、と自分の結婚を振り返ることもある。だが、魔が差したわりには、正解だったという気もしている。いずれにしろ100人いれば100通りの結婚があるのだから、自分で選ぶよりほかない。

「嘘音」だからやっていける

ふと、惚れ込んだ相手と結婚した自分を想像することがある。

その人生は限りなく甘美で、とてつもなく、しんどかっただろう。恋しているからこそ傷つけ合い、毎日喧嘩していただろう。彼はモテる人だったから嫉妬や疑心で心が乱れ、私はボロボロのぼろきれのようになって結局別れることになったろう。年齢を重ねたいまは、そういう人生もよかったかな、と思うようになった。

「夫のことがいまでも大好きです」

と臆面もなく言う女性を見ると、驚くとともに、ある種の憧憬《しょうけい》を覚える。

ただ、そういう人生を選んでいたら、いまの私はなかったであろう。息が詰まって悶《もだ》え死んでいたかもしれないとさえ思う。仕事を続けることはできなかっただろうが、しかし物書きの観点から見るならば、ボロボロのなかから立ち上がって書いたものは、より人間の深淵に到達したかもしれないと思う。

愛し合って結婚するなどというと、私は気恥ずかしさを覚える性格だが、世の中にはそうやって結ばれた男女がいる。

たとえば島尾敏雄とミホ。島尾敏雄は、夫の不貞によって狂っていく妻と、追いつめられいく夫である自身の姿を自伝的小説『死の棘』に描いた。この凄まじいまでの夫婦愛に圧倒され、私は読み終わるまで本を置くことができなかった。

梯《かけはし》久美子さんが愛の神話を解体し、本当に狂っていたのは誰だったかという夫婦の真実に迫った『狂うひと』は、さらに壮絶だった。

彼らのように正面からぶつかり合って、相手の愛を得るために日々努力し、愛憎を生き抜く人生への憧れはある。彼らは「本音」で生きていた。本音でないと生きられなかったのだろう。

対して私とつれあいの暮らしはどうか。

私たち二人の間にあるのは言ってみれば「嘘音《うそね》」だ。

「嘘音」はラクだ。嘘音で生きていると傷つかない。張り合いはないとも言えるが、ぶつかり合わない。

つまり私はラクな道を選んだのだ。そしてラクだからこそ、いまもつれあいと、ほどほどにやっていけているのである。

実は多くの夫婦は、「嘘音」のほうで生きているのではないかと推測している。本音でぶつかり合えるほど気の合う相手と出会うのは、稀《まれ》だからである。それは才能と言ってもいいかもしれない。島尾敏雄とミホのような才能を持つ人は、そうはいない。

だから、ときめく相手がいないから結婚できないと嘆く若い人に教えてあげたい。

そんな相手はめったにいないよと。そして世の夫婦の多くは、「嘘音」で生活しているよと。

生活は嘘音、仕事は本音。それが私の流儀だ。

目指したのは「水くさい結婚」

本音をぶつけ合うような関係ではなく、相手に関心を持たない「嘘音」で生活する私たちの関係を別の言葉で表現するならば、「水くさい関係」と言い換えることができるだろう。結婚当初から私たちには、水くさい関係でいようという合意があった。

かつてこんなことがあった。携帯電話がなかった時代のことだ。ある日、わが家に電話がかかってきた。

「もしもし、○○さんのお宅ですよね。○○課長、いらっしゃいますか?」

つれあいは出かけていて、電話に出たのは私である。

「はい、名前はそうですが、うちに○○課長はいません。何かのお間違いでしょう」

「そうですか。失礼しました」

しばらくすると、また電話が鳴る。

「調べましたところ、やはりお宅に間違いないようです……。電話番号は△△の××××ですよね」

「ええ、電話番号も同じですけど、○○課長はうちではございません」

「そうですか、おかしいなあ……。確認して、またかけるかもしれません」

というやりとりの後、１時間ほどして、つれあいが戻ってきた。私はふと、この電話のことを思い出して話した。さっき、「○○課長いらっしゃいますか」という間違い電話が二度もかかってきたよと。

するど、

「それ、俺のことだよ」

涼しい顔をして言う。

「この間、辞令をもらったんだよ。いいよ、またかかってくるだろう」

と、のんきなものであった。

私たちは仕事の話をめったにしない。そもそも必要なこと以外はあまり喋《しゃべ》らないし、まして、会社の役職を嬉々《きき》として話すような人間を私は最も嫌う。そういう価値観は似ていて、つれあいは私以上に、権力欲や出世欲のない男だった。

つれあいと比べると、私のほうが、まだ世間的な欲はある。売れるために本を書くわけではないが、書いた本が売れるとやはり嬉しい。対してつれあいには、不思議なほど、そういった欲がない。私の時代には少なからずいて、最近は流行《はや》らなくなった、〝一匹狼〟というやつだ。

二人ともそうした価値観が似ているものだから、間違い電話事件のようなことはよく起きた。つれあいの仕事が、この番組からあの番組に移った、なんて情報も、だいぶ経ってから友人の報告で知ることが多かった。

彼のほうも、私の仕事に口を出すことはほとんどない。書いたものを読んだこともないだろうし、あったとしても、何も言わない。

お互いの仕事を批評し合ったり、根掘り葉掘り聞き合ったりするような相手とは、私は一日と一緒にはいられない。面倒くさいし、何より、自分のことで忙しく、人のことまで細かく関心を持っていられない。

もちろん話したいことは話す。会話においても、どちらかというと、私のほうがよく喋る。過去の恋愛話も、私はすべてつれあいに喋っている。

一方、聞きたいことがあっても、相手から言い出さない場合は「言いたくないんだろう」と解釈して、「ハイ、ここまで」と決めて、それ以上は入り込まない。相手に無関心でいられることを、美徳だと私は思い込んでいる。

これがすべての夫婦に当てはまる円満の秘訣だと言うつもりはない。私たちには合っていると言うまでである。だが、口喧嘩が多い夫婦は、会話を減らしてみてもいいのではないかとは思う。関心を相手ではなく、自分に向けることで解決することもあるだろう。

結婚に憧れているというある知人の家庭は、父親が家で仕事の話をよくしたそうだ。会ったこともない父親の職場の人間の名や、上司と部下などの人間関係を、母も、子である彼女も覚えてしまうほど、ひんぱんに会話に仕事の話題が登場したそうだ。その上で、家族は仲がよかったという。

そういう家庭で育った人から見たら、時間的にも経済的にも別々の上、仕事のことも格別話をしない私たちは、さぞ「水くさい」夫婦に映るだろう。

だが私は、水くさい関係が続くことを望んできた。それが私たちの場合、均衡を保つためのコツだったからだ。

家事をやらない宣言

共同生活を始めるにあたって、私は家事をしないと宣言した。家事は私の仕事ではないからだ。家事をすることを求められていたら、共に暮らすことも、まして結婚することも決してなかった。身もふたもないが、つれあいが料理を作るから結婚したところは確かにある。

我が家では、料理はつれあいが作る。食べることが好きなエピキュリアンだからだ。掃除や洗濯は、週に2、3回来てくれるお手伝いさんに頼む。つれあいは私よりずっと綺麗好きで、部屋を綺麗にしておかないと気が済まない性質だ。一方私は、ゴミでは人は死なないと考えるタイプ。

女性の社会進出が進み、家事代行サービスは増えている。しかし、実際に利用したことのある人は1～2％という調査結果がある。

この背景には、経済的な理由もあるだろうが、「家事は女性がやるもの」という刷り込みがあるような気がしてならない。

ＯＥＣＤ（経済協力開発機構）が２０２０年にまとめた生活時間の国際比較データ（15～64歳の男女を対象）を見ると、ＯＥＣＤ加盟国のなかで、日本は男性の無償労働時間が最も短い。つまり、家事や家族のケアなどをはじめとする無償労働が、女性に偏る傾向が極端に強いことがデータとして出ている。

これを証明するデータもある。コロナ禍において女性の家事・育児の時間が、コロナ前と比べて2割超増えたというのだ（２０２２年版「少子化社会対策白書」）。在宅時間が増えると、女性の家事・育児の時間が増えるということは、「固定化した性役割の意識がある」と朝日新聞は分析している（２０２２年6月14日）。

男性はもちろん、女性も意識を変える必要がある。家事は、外部のサービスなどを利用しない限りはそこに暮らす人の仕事になろうが、だからといって女性の仕事ではない。

男性が家事をやることに対して、必要以上に感謝する女性がいる。「私の仕事をやってくれてありがとう」という意識が根底にあるからだろう。

私は必要以上に感謝しない。作ってもらっている手前、つれあいが作る料理に文句を言うべきではないと思ってはいるが、余分な感謝をしない。私の仕事をやってもらっているわけでもないし、彼は基本的に、自分が作りたくて作っているからだ。

必要以上に感謝して、相手に好かれようとか、気に入られようとする女性もいるが、そういった気持ちも私にはまるでない。感謝しない私を気に入らなければ、相手は去っていくだろう。それは仕様のないことだ。

人には得意不得意がある。家事や育児に向いている人もいれば、向いていない人もいる。そこに性別は関係ない。私は家事に向いていないが、仕事はどんなに忙しくても文句を言わずにやる。家事に限らず、人は自分の得意なこと、やりたいことに注力して、できないこと、やりたくないことはできるだけ人に補ってもらえばよい。

私に言わせれば単純なことだが、しかし、世の中の刷り込みは根深い。

だから、〝ポテサラ事件〟のようなことが起きるのだろう。

数年前、スーパーの惣菜コーナーでポテトサラダを買おうとしていた子どもを連れた女性に対して、「母親ならポテトサラダくらい作ったらどうだ!」と、高齢男性が暴言を吐いているのを見たというツイッターが話題を集めた。

あきれるよりほかないが、こういう高齢男性の旧態依然とした価値観は変わらないだろう。社会を変えるには、「家事は女性がやるもの」という刷り込みを、女性の側からも取り除いていくしかない。

料理は自分のためにする

私が料理をしないと言うと、

「つれあいの方が料理上手でいいですね」

とか、

「料理をしてくれる優しい旦那さまでうらやましいです」

などと言われることがある。

褒めてくれているのだろうが、これは誤解である。

彼は料理が上手なのではない。味は確かだと私は思うが、上手だから料理を作るのではない。ましてや私のために作るのでもない。

自分が食べたいから作るのだ。

つれあいのことを私は「エピキュリアン」と呼んでいる。エピキュリアンを辞書で引くと、快楽主義者とか享楽主義者と書かれている。もともとは、人生の目的は「精神的快楽」にあるとし、心境の平静（アタラクシア）を求めた古代ギリシャの哲学者、エピクロスの教説を奉じる哲学者たちのことを指した。

このエピキュリアンを、「いまを楽しむ」「いまが楽しけりゃいい」というような意味合いで私は使っている。

自分はおいしいものが好きだから、買い物に行って食べたいものを買い、おいしいものを作って、おいしいお酒を飲んで、楽しい時間を持つ。これが一番の幸せ。つれあいはそういう人間だ。たまたま私が傍《そば》にいて、一人分も二人分もそう手間は変わらないから私の分も作ってくれるが、私がいなくても、変わらず自分で食べたいものを作るだろう。

実際、自分が好きなものしか作らない。「今日、何食べたい?」と聞かれることはほとんどない。献立に迷ったときなどに、たまに尋ねられる程度だ。そんなときは「肉食べたいなあ」とか、そのときの気分を伝える。

本質的に食べるのが好きなつれあいは、私と違って、食べ方がとても綺麗である。たとえばカニ。金沢で育ったつれあいの大好物で、私もおいしいとは思うが、面倒が勝ってしまって綺麗に食べることができない。

私が不器用に手を動かしていると、つれあいは「下手だなあ」とか「食べ方が汚い」などと、じれったそうに呟《つぶや》く。苦手なことをしている私は疲れてきて、ある程度食べると、「残りはどうぞ」と渡す。すると、つれあいは喜んで平らげてくれる。

間違っても、私のカニを剥《む》いたり、身をほぐしてくれることはない。

自分が得意だからといって、人のことに手を出すことは一切ない。冷たいくらいに、その点は徹底している。

私が頼んだら少しは助けてくれるだろうが、基本的に、互いに自分のやりたいことをやる。相手に口出しはしない。私たちはそうやって、二人とも自分勝手に暮らしている。

「してあげる」ことの弊害

家で料理を担当しているつれあいは、優しいのではなく、エピキュリアンだという話をした。この例を通して私が言いたかったのは、「してあげる」ことの弊害である。

夫のためにあれこれと世話を焼くのがよい妻だと考えている人は、男女ともにいる。かつて桐島洋子さんは、「相手の足の爪を切ってあげるのが楽しい」と言っていた。男性の面倒を見ることに喜びを感じる女性もいるのだろう。

ただ、面倒を見るにも2パターンある。自分がやりたくて、相手の世話を焼いているケースはよい。問題は、相手のためにと、してあげているケースだ。そういう意識でいると、人は知らずしらずのうちに見返りを求めるようになる。

30代の知人は、夫が料理を褒めてくれないことがストレスだと話していた。自分が手間暇をかけて作った料理を黙って食べるのが腹立たしいと。

それは相手のために作っているからだ。相手のために作っているから、夕食を準備した後に「仕事が遅くなるから今日の夕食はパス」と連絡があると、怒るのだ。自分のために作っていたら、相手の反応は二の次のはずである。

夫婦であれど他人である。私は他人には期待しないし、求めない。それが基本姿勢であるから、やってくれたら御の字である。

つれあいの作った食事に、私は文句を言わない。求めているいないにかかわらず、作ってもらっている以上、これは人としての礼儀である。感想は、わりあい素直に言う。おいしいときは「おいしいね」と、そうでもないときは「今日は味がちょっと濃かったね」くらいは批評する。それを相手がどう思っているのかは、わからないが。

つれあいも歳《とし》を重ね、料理をするのが疲れると言うようになった。とくに朝食が疲れると言う。食べるのが好きだから、朝から魚を焼いたり卵を焼いたりと、何品も作ろうとする。酒を飲みながら作る夕食は苦にならないようだが、朝はつらいとぼやく。

私の反応はシンプルで、「疲れるならやめたら?」。疲れてまで作ってほしいとは思わないし、朝は、私はシリアルがあれば十分だ。栄養も足りるし、いまはシリアルの種類も豊富で選ぶのも楽しい。

けれどもつれあいは、疲れると言いながら、今日も朝食を作っている。やはりそれは、自分が食べたいからだろう。お互い、相手のためでなく、自分がやりたいことをやっているから、何とか続いているのだ。

自立が試される「二人暮らし」

「好きだから、人は相手に期待するのではないか?」と言った人がいる。

好きな人であっても、つれあいは他人である。私は他人には期待しない。期待しないからがっかりすることもないし、裏切られることもない。

期待するのは自由だが、その場合、裏切られても受け入れなければならない。

ただ、誤解のないように付け加えると、私のために何かをしてほしいという期待がないだけで、彼らしい道を歩んでほしいとは思っている。

結婚しようがしまいが、人間は「個」だ。自立した個人が一人で暮らしたり、二人で暮らしたり、子を育てたりする。

一人暮らしは自立せざるを得ないが、二人暮らしをすると、相手に甘えたり、寄りかかってラクな道を選ぶことができる。

あるいは家族になると、父や母、夫や妻といった家族としての「役割」に、個人が埋没していくことがある。個人対個人ではなく、夫と妻、母と娘といった、役割のフィルターを通したコミュニケーションになっていく。それが苦痛の人もいるだろうし、反対にラクと感じる人もいるだろう。いずれにしろ、役割に埋没すると、個人の考えや言葉が失われていく。

そういう意味で、本当の自立が試されるのは、二人以上の暮らしである。

結婚してなお自立した「個」でいられるか。

「個」の条件は、経済的にも精神的にも自立していることである。

男性に養ってもらうために結婚したいという女性がいてもいいし、実際にいると思うが、経済的自立がなければ、私の言う「個」でいることは成り立たない。個でいたいのであれば、結婚後も、女性は経済的自立を手放すべきではない。

ちなみに婚活中の女性の話によると、昨今の婚活市場（という言葉があるそうだ）では、男性は、専業主婦よりも、結婚後も働く女性を望むという。共働きを望むということだ。経済事情も影響しているだろうが、若者の価値観は確実に変化している。

共に暮らして「個」でいるということは、自分の主張を相手にぶつけ続けることではない。時に意見を言い合うことはあっても、自分とは別の環境で育ってきた価値観も習慣も異なる他人とは、所詮はわかり合えないと肝に銘じることが肝要だ。

わかり合えなくとも、思いやることはできる。結婚は心の寛容さを養うよき修業の場と心得たい。

家事はやらないと、言っていた私であったが、料理を作ったことはある。

たとえば、つれあいが病気になったときだ。外国生活のなかで、彼が体調を崩したことがあった。そういうときは私が看病をしたし、日本に戻ってきてからも、私が家事をほとんどやった。一番身近にいる人間としての務めだと思った。

日ごろやらないことを私がやるものだから、つれあいは「お、こいつもやるんだ」と、驚いたようだ。そして喜んだ。人間、根は人に甘えたいものだし、人に尽くしてもらうと嬉しいものである。だからこそ、これを習慣にしてはいけないと気づいた。

「いまはあなたが病気だから私が料理を作り、掃除をしているけれど、これは例外だよ。本来の私の仕事じゃないよ。元気になったら元通りだよ」

と、きっぱり言った。

言葉通り、元通りになった。

共に暮らす身として、助け合うべきときには助け合いたい。人間、生きていれば、心や体が弱ることもある。そういうときに助け合うのは、お互い様であろう。言ってみれば異常時であり、緊急時である。

しかし、それが日常になりたくはない。平時が戻れば、自分の足で立つ、「個」でいなければならないと思う。

家族であっても義理で付き合わない

知人の編集者には、自分の結婚相手よりも、結婚相手の親や親戚といった家族が好きだから結婚した、という女性がいる。結婚は「家（家族）」対「家（家族）」という考えの持ち主なのだろう。

私にはそういう考えは一切ない。『家族という病』に書いた通り、家族ほど煩わしく、疑わしいものはないと思っている。この本は思いがけずベストセラーになり、家族関係に悩んでいる人が世の中にいかに多いか、思い知らされた。

私は「家族」という単位が苦手である。結婚はあくまでも、「個人」と「個人」の問題だととらえている。であれば、結婚したからといって、つれあいの家族と付き合わねばならないという意識はなかった。

自分の家族や親戚でも同様である。

祖父母の家には親戚一同が会するような広い母屋があった。母屋の前には池のある、よく手入れされた広い庭が広がっていた。そこに年に2回、夏と冬に集まる。

私も1、2度行った記憶があるが、付き合いの悪さは子どものころからで、誰かと親しく話をした記憶はほとんどない。ただ、庭の緑や花が美しかったことだけよく覚えている。体が弱かったから、親が私に、もっと参加しろ、まして親戚と仲良くしろと無理強《じ》いすることはなかった。

義理で人と付き合って楽しいことがあるとは思えないのだ。

結婚前、つれあいの親には、一度だけ会った。文部官僚の義父は酒好きな寡黙な人で、専業主婦の義母は賢い人だった。一度会って話せば、どういう人かというのはおおよそわかる。いわゆる嫁姑《しゅうとめ》、嫁舅《しゅうと》的な揉め事は起きない人たちだろうということが窺《うかが》えた。これは幸せなことだった。

だが、たとえ私と義父母の相性が悪かったとしても、それを理由に結婚をやめることはなかっただろう。親と付き合わねばいいだけだからだ。付き合わないでいる方法など、いくらでもある。

結婚相手の家族との関係に悩む人はいまもいるようだが、親と結婚するわけではない。親に限らず、友人でも、人と無理に付き合う必要はないのだ。

無理をして付き合っていると、相手も気づくものだ。かえってそれは失礼ではないか。我慢して人付き合いをするよりも、こちらが好んでいないことを言葉なり態度で示したほうがいい。そうすれば、相手もちゃんとこちらを嫌ってくれる。結果、付き合う必要はなくなるはずだ。

ちなみに、先に紹介した相手の親戚や家族が好きだから結婚したという女性は、子を産んでのちに離婚したという。さまざまな条件も大事かもしれないが、結婚するときはやはり本人を見なければならないと私は思う。

他人に余分な関心を抱かない

私はつれあいの姪を可愛がっていて、二人で海外旅行をしたこともある。彼女を可愛がるのは家族だからではない。たまたま気が合ったからだ。姪は芝居や音楽が好きで私と趣味が合う。

この姪に限らず、私は自分のことを「おばさん」とは呼ばせない。名前で「暁子さん」と呼ばせている。「おばさん」という呼び方だと、叔母（伯母）と甥、叔母（伯母）と姪という役割に引っ張られるからだ。個人対個人で付き合うためには、決められた役割で呼び合わないほうがいいというのが私の考えだ。

たかが言葉ではないか、と言う人がいる。とんでもない。日常に根付く役割意識を変えていくには、日常の言葉を変えていくしかない。日常生活が最も大切なのだ。

義父母が生きていたころ、つれあいの家族が集まるのは、一年に一度、正月だった。つれあいは4人きょうだいで、姉が2人、妹が1人。正月の台所で立ち働くのは女

3〜4人と男1人。義母とそのとき訪れていた姉や妹、そしてつれあいである。私はといえば、炬燵《こたつ》に入って、食事の準備が整うまで、もっぱら義父の晩酌相手を務める。義父と酒を飲んでいると、「父の相手をしてくれてありがとう」と、義母たちは感謝し、喜んでくれた。

仕事人間で、毎晩午前様だった義父は、家では静かな人だったという。だが、キャスターとして働いていて、文部省の取材をしたこともあるなど、当時の一般的な女よりは世の中のことを知っている私との会話を、義父は楽しんでくれた。官僚の世界を教えてくれて、私にとっては勉強になった。

ご馳走が出来上がると、じゃあ、始めましょうと、皆で食卓を囲む。悪くない正月、悪くない家族であった。

つれあいの実家で、〝嫁扱い〟されるようなことが少しでもあったら、私は寄り付かなかったと思う。

そうならなかったのは、何より義母が賢い人だったからだ。この人を私は尊敬していたし、実の母よりも好きだったかもしれない。

義母は、愚痴や不平不満をまったく言わない人だった。官僚の夫を支え、4人の子を育てながら、世間的にやるべきことをやっていたが、それを人に押し付けることがなかった。自身の娘たち、つまり、つれあいの姉や妹たちは皆専業主婦だったものの、働いている私に、「こうしなさい」とか「こうしてほしい」とか、何かを強いることは一度もなかった。「この人は別世界の人」と、最初から特別な目で見てくれていた面もあったのだろう。

義母は時代が許せば仕事をしたかった人だったと想像する。あの時代は、望んでも女が仕事をすることは難しかった。仕事をしたら力を発揮したであろう、こうした女性は、かつての日本にたくさんいたと思う。

いろんな場面で、「賢い人だなあ」と唸《うな》らされたが、なかでも印象的な思い出がある。

結婚して5、6年経ったころだろうか。夏、私とつれあいは軽井沢の山荘に義母を招いて、猫の世話などをしてもらい、一緒に暮らしていた。

ある日、たまたま私の外出中に電話がかかってきた。ここからの話はすべて、後日、つれあいから聞いた話である。

義母が電話に出ると、かけてきた相手は、私が大恋愛した芸術家の母親だった。私たちは当時、家族ぐるみの付き合いをしていて、母親は私をとても可愛がってくれていた。その母親が電話をかけてきて、私と息子の関係を、義母に散々話したというのだ。「暁子さんはこういう女だ」とか「うちの息子と結婚するかもしれなかった」とか云々。聞きたくもなかったので詳細は確認していない。

すでに別れてから何年も経っている。その私の山荘に電話をかけてきて、私が不在であることを知った上で義母に対して、息子と私の過去の恋愛話をするとは何たる失礼！　私は烈火のごとく怒った。同時に、そういうことをしそうな母親だったなあとも思った。この母親も、自己愛の強い芸術家であった。

感心したのは、義母がこの電話事件について、私に一言も言わなかったことだ。

私が知ったのは、ずいぶん経ってからのこと。何かの話のついでに、そういえば、とつれあいが教えてくれたのだ。かの母親から、へんな電話がかかってきたらしいよと。

私の過去の恋愛について、つれあいはよく知っている。友人時代に飲みながらよく話していたから、秘密でも何でもない。

つれあいから事の顛末を聞いて憤慨すると同時に、義母のことを、たいした人だと思った。そんな電話がかかってきたことなど、おくびにも出さなかったからだ。余分なことを一切言わない。その点はつれあいも似ている。

他人に余分な関心を抱かない。必要以上に入り込まない。こうした適度な距離を保つことで、私は義母とよい関係を築けた。「家族なのに冷たい」と感じる人もいるかもしれない。しかし、関心を持ちすぎ、入り込みすぎた結果、関係が崩れて二度と会わなくなるよりも、互いを尊重し合いながら、水くさく、さりげなく過ごすことを私は好む。

その後も夏は義母に山荘に来てもらい、猫ともども、楽しく暮らした。義母は10歳までしっかりと生きた。

結婚してもしなくても「一人で生きる」

結婚した翌年、私は『なぜ結婚にあこがれるか』という本を書いた。

半世紀前のこの本をいま読み返すと、あきれるほどに自分は変わっていない。そのことに少し胸を張りたくなる。

結婚しようがしまいが、「一人で生きる」ことが大事だと、30代の私は説く。まさに、私が言い続けてきたことだ。

たとえ結婚し、夫や子どもと暮らしても、一人で生きることに変わりはない。一人で生きるとは、その人のものの考え方、心の持ち方の問題である。世間は「家族」という単位で見るかもしれないが、一人ひとり違う人間であることは言うまでもない。

私にとっての結婚とは、二人で生きることではない。一人で生きる独立した人間が、二人集まることなのだ。

夫婦は「一心同体」だとか、家族は「運命共同体」だとか言う人もいるが、私には気持ち悪い。「偕老同穴《かいろうどうけつ》」も理解しがたい。

無論、そういう結婚もあるのだろう。

ある男性は、「自分のことを一番理解してくれる人と結婚した」と胸を張った。独りよがりではないかと私は感じるが、共に暮らす二人がそう了解し、満足しているなら、それでいいと思う。片方だけがそう思っていて、片方は異なることを思っていたり、不満が溜まっていたりすると、夫婦に亀裂が生じ、いつか破綻するかもしれない。いずれにしろ、金子みすゞが言うように、夫婦は「みんなちがって、みんないい」のだ。

私はこれまでも一人で生きてきて、これからも一人で生きて死んでいく。そして一人で生きることは、夫婦で助け合ったり、相手に思いやりを持つことと何ら矛盾しない。一人の人間として互いが自立しているからこそ、必要なときに相手に手を差し伸べることができるし、対等の立場でいられるのだ。

私自身は変わっていないが、この50年で、結婚をとりまく社会状況は大きく変わった。結婚に対する意識も変化した。次章からそうした変化を見ていこう。

第2章

昔の結婚　今の結婚

結婚が不可能になると予言した漱石

明治の文豪・夏目漱石は、１００年前に、結婚の将来を予言している。

つらつら目下文明の傾向を達観して、遠き将来の趨勢を卜すると結婚が不可能の事になる。驚ろくなかれ、結婚の不可能。

『吾輩は猫である』のなかの一説である。吾輩（猫）の飼い主である苦沙弥先生の友人、迷亭さんの台詞《せりふ》として登場する。

なぜ結婚が不可能になるのか。迷亭さんは次のように理由を説明する。

今の世は個性中心の世である。一家を主人が代表し、一郡を代官が代表し、一国を領主が代表した時分には、代表者以外の人間には人格はまるでなかった。あっても認められなかった。それががらりと変ると、あらゆる生存者がことごとく個性を主張し出して、だれを見ても君は君、僕は僕だよと云わぬばかりの風をするようになる。ふたりの人が途中で逢えばうぬが人間なら、おれも人間だぞと心の中で喧嘩を買いながら行き違う。それだけ個人が強くなった。

ざっくり要約すると、個人あるいは個性を重視する世の中になったことによって、結婚は不可能になると言っている。昔の結婚は〈異体同心とか云って、目には夫婦二人に見えるが、内実は一人前なんだからね。それだから偕老同穴とか号して、死んでも一つ穴の狸に化ける〉ものだったが、〈今はそうは行かないやね。夫はあくまでも夫で妻はどうしたって妻だからね〉と。

漱石は『それから』や『門』など他の作品でも、個人の自我と、家や家族との相克を描いた。

漱石のほかにも、「近代的自我」が確立されはじめた時代を牽引した明治期の作家は、たびたび個人と家をテーマにしている。

その一人、島崎藤村の文学もまさに古い家との闘いだった。藤村は自身の実話をもとにした小説『新生』で、主人公の作家と姪との恋愛を描いた。いわば近親相姦で、忌むべきことを実現することで、家への抵抗を表したと読むことができる。

志賀直哉は結婚を父親に2度反対され、最終的に、自らすすんで家から除籍された。数年前に発見された手紙には、結婚をめぐる父との対立が綴られていた。

漱石の言う、個人や個性を重視すれば結婚はなくなるという論理が、結婚などしたくなかった私にはよくわかる。


賢夫人になればなるほど個性は凄いほど発達する。発達すればするほど夫と合わなくなる。合わなければ自然の勢夫と衝突する。だから賢妻と名がつく以上は朝から晩まで夫と衝突している。（中略）ここにおいて夫婦雑居はお互の損だと云う事が次第に人間に分ってくる。


いまから100年以上前に書かれた迷亭さんのこの言葉に、納得する現代の女性は多いのではないか。

いまの社会を見ると結婚しない人が増え、離婚は日常化し、2度、3度目の結婚も珍しくなくなった。その理由の核心が、『吾輩は猫である』に書かれている。読み継がれる作家はかくして、将来を的確に見通していた。

ちなみに漱石は『三四郎』でも、ある予言をしている。日露戦争に勝利し、これからますます発展していくだろうと沸いている時代に、日本は「滅びるね」と言わせている。この言葉は、いまの日本にこそ重く響く。

結婚とセックス、結婚と恋愛が切り離された未来像

作家は時代のカナリアと呼ばれる。彼らの鋭利な感性は、未来を見すえてしまうのだ。

漱石は明治時代に、結婚が不可能になると書いた。

現代に生きる芥川賞作家の村田沙耶香さんは、『消滅世界』でさらなる未来を予言している。それは家族もセックスも消えた世界だ。

男と女が愛し合って結婚し、セックスすることで子どもが生まれるという〝当たり前〟のことが、この本では〝近親相姦〟と呼ばれる。

この本の世界では、結婚しても、多くの女性は人工授精によって子どもを産む。人工子宮の研究も進んでおり、男性や、自分の子宮では妊娠ができなくなった高齢の女性も、妊娠・出産することができるようになると期待が高まっている。年齢や性別といった妊娠の条件が取り払われ、妊娠のためのセックスは必要なくなっていくのだ。結婚とセックスが切り離されているだけでなく、恋愛と結婚も切り離されている。

結婚していても恋愛は夫婦の〃外〃でするものになっている。恋の対象がヒトであることもあれば、アニメや漫画のキャラクターであることもある。互いに公認だから、不倫という言葉は当てはまらない。夫と妻の生活は静かで安心できるもので、そこに恋愛という情緒、あるいは情緒あるセックスは存在しない。

人工授精で子どもを作るこうした世界は、はたしてどこに行きつくのか。この小説はその実験都市を描き出している。

男も女も生殖技術によって子どもを産む世界。そこでは子どもは誰かの子であるより、社会の子、皆の子になっている。〈すべての大人がすべての子供の『おかあさん』となり〉、〈すべての子供を大人全部が可愛がり、愛情を注ぎ続ける〉世界だ。

同時に、異性や同性を好きだの嫌いだのといった感情は必要なくなっていく、無機質の世界……。これを人類の進歩と見るか、退化ととらえるかは、読む人によって違ってくるだろう。

恋愛と結婚は別物だと考えている私に、そして自分の子どもを持たなかった私に、村田さんが暗示する世界は感性に響く。

『消滅世界』は、日本の未来や人類の明日を予言していると感じられるのだ。

少子化は悪なのか？

結婚しない人が増え、子どもを産まない人が増えている。

「生涯未婚率」は１９７０年には男性１・７％、女性３・３％だったが、２０２０年には男性28・３％、女性17・８％まで増加した（２０２０年「少子化社会対策白書」）。今後はさらに増え、男性の３割程度、女性の２割程度が、結婚しないという予想も出ている。

また、政府が「異次元の少子化対策」を打ち出していることからわかるように、少子化も加速している。2022年の出生数は約77万747人で、統計以来、最少となったという。ちなみに第一次ベビーブーム期（1947〜49年）は約270万人、第二次ベビーブーム期（1971〜74年）には約210万人が生まれていた。

私は少子化が悪いとは必ずしも思わない。

子どもを産みたくても産めない人を支援する取り組みは必要だ。だが、子どもを産む・産まないは国に強制されることではなく、あくまで個人の自由意志による選択であり、子どもが少なくても個人が幸せに暮らせる社会のための制度設計のほうが、子どもを増やす取り組みよりも重要だと考える。

さて、結婚しない人が増えているとは言っても、現状は男女ともに8割以上は結婚しているわけで、結婚する人のほうが多い。その点で、漱石の予言は、100%は当たってないと言える。

漱石の時代と違って結婚は個人の自由になったにもかかわらず、なぜ人は結婚するのか。人は結婚に何を求めているのか。

十人十色ではあろうが、何らかの傾向はあるだろう。それを私なりに考えてみたい。

経済力か恋愛感情か　結婚相手に求めるもの

20～59歳の男女のうち、結婚していない人を対象におこなった内閣府の意識調査がある（平成26年度「結婚・家族形成に関する意識調査」報告書）。

それによると、結婚したい理由は「家族を持ちたい」「子どもが欲しい」が70・0％と最も高く、次いで「好きな人と一緒にいたい」も68・9％と高い。

この調査でいささか驚いたのは、30代女性の68・2％が、「老後に一人でいたくない」を理由に挙げていることだ。結婚しても、最後は一人になるわけだが、若いころにはそういう想像力が働かないのだろうか。あるいはずっと共に暮らす夢を見ているのか。

いずれにしろこの調査からわかるのは、少なくない日本人がいまだ「家族」を重視しているということだ。好きな人と一緒にいることが目的なら、必ずしも結婚する必要はない。同棲するなり、付き合っていればよい。家族を持ちたいと考える人が多いという現状からは、漱石が予言したほどに、日本には「個」が根付いていないと言える。

ちなみに結婚の理由に「経済的な安定を得たい」と答えている人は、女性で４割程度と、それほど高くない。女性も働く時代になったことが反映されているのだろうか。女性にとって結婚は、経済的な安定を求めてするものではなくなりつつあるようだ。

これを裏付けるように、結婚相手に求める条件には、

1　価値観が近いこと
2　一緒にいて楽しいこと
3　一緒にいて気をつかわないこと

と、精神面に関わる内容が続く。

そして「経済力」や「学歴」は、「恋愛感情」よりも、結婚の条件として低い。

結婚は恋愛の延長とまではいかなくても、気の合う楽しい人と結婚したい、というのが、現在の若者の気持ちのようだ。恋愛はともかく、気の合う人と、という気持ち

は私もよくわかる。

しかし、婚活中の編集者は別の見解を示した。

婚活中の女性は、男性の年収をかなり気にすると言うのだ。

結婚相談所などの調査によると、女性が結婚相手の男性に望む年収は「400万〜600万円」程度だという。現在、男性の平均年収は500万円程度だから、平均程度を希望しているということだ。

「平均」を希望するというのは、それほど高望みではないと見ることもできるが、平均以下の2分の1は排除することになるわけで、男性にとってはシビアな条件だと見ることもできる。

結婚相手として高収入の男性を強く望む女性もある程度いて、医師などの高年収の男性だけを集めた結婚相談所もあるという。そういう場所で会費を多く払うのは女性だという。

実際、男性の年収と未婚率には相関係数があるようだ。

プレジデントオンラインの記事で、コラムニスト・独身研究家の荒川和久さんは、

〈個人の年収が上がるごとに、男性の未婚率は下がり、女性の未婚率は上がっていきます〉と書いている。つまり〈「金を稼げない男と金を稼ぐ女は結婚できない」と言われます〉（婚活市場では〝高望み〟の部類だが…「年収５００万円以上の未婚男性」が最も余っている皮肉な理由　2022/11/25 13:00）。

内閣府の意識調査などに表れるのはいわば建前であり、真剣に結婚を考える段になると、身もふたもない本音が顔を出してくるのかもしれない。結婚相談所などの調査結果からは結婚に「経済」が深く関わっている現状が垣間見られるし、そこには男女差があるようだ。

女性も自分一人を食べさせることができれば、相手に経済力を求める必要はないだろう。そうはなっていない現状が窺える。

そこには女性は働き続けることがいまだ難しいという労働環境の問題もあるだろうし、女性の意識の問題もあるだろう。

マッチングアプリの普及で結婚は「条件」になった

結婚はそもそも「条件」でするものではない。

気が合うから一緒にいたいとか、価値観が合うから共に暮らしたい。そうした延長に、結婚が現れるのではないか。つまり「中身」が大事だと私は思うが、最近は、結婚が「条件」重視になっていると感じる。それは「婚活」が一般化したことと関係があるだろう。

婚活の手段として、ネットやスマートフォン上で好みの相手を探す「マッチングアプリ」を使用する人が増えているという。

２０２２年の調査によると、結婚した人の出会いのきっかけの22・6％が「マッチングアプリで年々増加している（明治安田生命）。ちなみに1位は「職場の同僚・先輩・後輩」（29・3％）、次いで「知人・友人の紹介」（24・3％）である。このマッチングアプリ、２００９年以前の使用状況は0％だったというから、この十数年で急激に普及したことがよくわかる。ここ数年は新型コロナの感染拡大で、リアルな出会いを求めにくいという事情もあっただろう。

マッチングアプリを使ったことがあるという知人女性によると、顔写真、年齢や年収、趣味や家庭に求めるものなど、細かい条件で希望の相手を選ぶことができるという。アプリ上でマッチするとメールのやりとりをし、その後、実際に会うようになるようだ。無料のアプリから有料のアプリまで、さまざまな種類があるというが、アプリから入ると、「条件」によって結婚相手を「選ぶ」、あるいは「選ばれる」という感覚が普通になっていくのだろう。

実際に会って付き合うようになれば、条件ではなく、相手の中身を見るようになるのかもしれない。しかし、入り口はどうしたって、条件から入らざるを得ないのが現代の婚活のようだ。

こうした婚活は、無理やり相手を探しているようで、私だったら恥ずかしくてできない。なぜそこまでして結婚するのか。無理やりめぐりあって楽しいのか。

そう問うと、知人女性は、「自然に相手が見つかるに越したことがないが、婚活をしないと相手が見つからないのでするのだ」と言う。「見つからなければ結婚しなければいい」と私が返すと、「いや、結婚はしたい」と応える。

つまり相手がいるから結婚したいのではなく、結婚したいから相手を探す。私には順序が逆のように感じられるが、この順序が現代の婚活なのだと知る。結婚を望む人は、相手より先に、結婚というかたちを求めているのだ。

昔も結婚相談所はあって、結婚の世話を焼くことを職業にしている人はいた。そういう人に頼み込んでまで、誰かと一緒にいなければいけないの？　と私は不思議に思っていたし、いまも思っている。そういう場所でいい相手とめぐりあえる人もいるのかもしれないが、私は疑っている。

婚活で結婚したある男女の末路

そう感じるのは、私の身近にも婚活をして結婚した男性がいたからだ。つれあいの教え子で、就職ではマスコミ何社からも内定をもらうような優秀な男性だった。

就職後、彼はほどなくして婚活を始めた。そしてマッチングアプリで出会ったという婚約者の女性を、つれあいと私との食事会に連れてきた。女性と少し話して、「絶対にやめたほうがいい」と思った。

相手の女性が、明らかにブランド志向だったからだ。着ているものや持ちもの、そして話す内容で、外見を重視する人間であることが伝わってきた。

一方、教え子のほうは、見栄えがよいわけでもおしゃれでもない朴訥《ぼくとつ》とした男性だ。率直に言って女性にモテるタイプではない。仕事熱心で優しいところを私とつれあいは好んでいたが、そういう内面の美徳よりも、彼の会社名や学歴を、彼女がより好んでいるだろうことは容易に想像できた。

もちろん、結婚を決めたわけだから、彼自身も彼女をいいと思ったのだろう。若く、お嬢様風の女性だったから、惹かれたところがあったのだろうか。

私の教え子ではないので、私は余計なことは言わなかったが、内心、結婚は続かないだろうと予想していた。つれあいも思うところがあったようで、「大丈夫か?」と声をかけていたようだ。

はたして結婚から2年後に二人は離婚した。

職場や学校といったリアルな場で、自然に惹かれ合い、仲良くなっていくような男女ではなかっただろう。年齢や会社名、年収といった条件によって出会い、結婚するのが婚活の場なのだと知らされた。

しかし、条件による結婚は、続かない場合が多いのではないか。結婚は終わりではなく、始まりだからだ。もちろん、条件から入ったとしても、互いの内面を尊重し、歩み寄ることができれば、その限りではないだろう。

結婚適齢期があった時代

では「婚活」という言葉がなかった昔の結婚とはどういうものだったのだろうか。

日本で「恋愛結婚」が「見合い結婚」を上回ったのは、１９６０年代後半である（厚生労働白書）。それまでは、親や親戚などの紹介によって見合いをし、結婚をする人が半数を占めていた。

すでに述べた通り、ＮＨＫのアナウンサーをしていた私のもとにはさまざまな紹介がもたらされ、毎日お見合いをしているようなものだった。

婚活という言葉がない代わりに、当時は「結婚適齢期」があった。いまもあるのかもしれないが、表立って使われることは減ったのではないか。

私が20代のころ、結婚適齢期は24歳とされていた。

その2年前、22歳の誕生日の日、私は母に、デパートの写真室に連れていかれた。

それまでも誕生日には家族で写真を撮っていたものだから不審を抱かず素直についていったのだが、すぐに様子がおかしいと気づいた。私一人で写真を撮るというからだ。しかも一張羅の白地に菊模様の訪問着を着て、頭に羽の飾りをつけ、プロに化粧を施されて。

ははーん、見合い写真か、と気づいた私は、しかし、その場では騙されたふりをして写真を撮られた。もう少し首を右に、とか、口角を上げて、などの写真家の要求に応えながら、借りてきた猫になっていた。

数日後、デパートに、出来上がった写真とネガを取りに行った帰り道、私は写真を細かく破って、ネガとともに家の傍のドブに捨ててしまった。母から叱られたのは言うまでもない。

誰が定めたかもわからない「結婚適齢期」が、かくも大きな力を持っていた。思い出すことがある。

結婚後、講演やイベントで私はよくこう言った。

「私は36歳で結婚しました。ですから、36歳が私の結婚適齢期です」

すると、必ずどっと笑いが起きた。私は冗談を言っているつもりも、人を笑わせようという商売気もサービス精神もなく、大真面目に事実を言っただけなのに、人様の笑いを誘った。

36歳が適齢期ではあり得ない、笑いになるくらいあり得ない、というのが、当時の常識だったのだろう。

年齢なぞに左右される人生が哀れで『くたばれ結婚適齢期』という本を書こうとしたら、版元の社長に「下品だ！」と一蹴されたこともあった。このパンチの効いたタイトル、いまだったら受け入れられたと思っている。

その人が結婚した年齢がその人の適齢期である。昔もいまも私はそう考えているし、時代が私の考えに近づいてきたことを好ましく思っている。

そして適齢期が一生ない人生、これはまた素晴らしい生き方である。

「女子アナの結婚」はなぜニュースになるか

「結婚適齢期」は消滅しつつある。だが、結婚をめぐる社会制度や社会状況は、残念ながら、変わってないと感じることが多い。

たとえば「女子アナの結婚」のニュースだ。

私は新聞の切り抜きを趣味としているほど、新聞はよく読むが、テレビのワイドショーの類《たぐい》はあまり見ない。だからこの類のニュースには疎い。この本を作る際に知人の編集者に「女子アナの結婚ニュースについてどう思う」とか問われて、そういう事情を初めて知ったくらいだ。いまだに「結婚」がニュースになるほど、「結婚」が世の関心事なのかと、正直あきれる。

幸せなことだからニュースになるんじゃないですか、とその編集者は言った。しかし、幸せなことかどうかはわからないではないか。結婚=幸せではないことを、世の既婚者たちはよく知っているはずだ。

幸せというより、結婚に「女子アナ」がくっつくからニュースになるのだろう。

そもそも「女子アナ」という言葉自体に、侮蔑や偏見が含まれている。「男子アナ」

とは決して言わないからだ。

女子アナには、「賢そう」で、「教養がありそう」で、「育ちがよさそう」で、「綺麗そう」といった、「〇〇そう」といったイメージがまとわりついている。「何でも知っていそう」とか。しかし、「〇〇そう」はすべて幻影であって、実体に乏しい。つまり女子アナは、何も知らないし、何者でもないに等しいのだ。

私自身はアナウンサーになりたくはなかった。当時から文筆の仕事をしたいと思っていたから新聞社や出版社を志望したが、就職難の上に、女性を採用する会社がなかった。報道機関はＮＨＫだけが、アナウンサー職に限り女性を採用していたから、食べていくために受けて入ったのだ。

最近では、アナウンサーから他の仕事に転職する人も増えているという。その気持ちは私にはよくわかる。

一方で、長く続けている人は、ＮＨＫでも民放でも優秀だ。

たとえば高島彩さん。私は土曜日に放送されているサタデーステーション（テレビ朝日）で知ったが、もともとはフジテレビの人気アナウンサーで、結婚、出産を経て、現在はフリーで仕事をされているという。一見、平凡そうに見えるし、キャスターとして強く自己主張をするわけではないが、番組進行の安定感が抜群の上、肝心なところを自分の言葉で締める。頭がいい人だなと感じる。頭のいい人は、一見、頭のよさが見えないものである。

報道ステーションの金曜日を担当している徳永有美さんも印象に残る。言いたいことは言う、という姿勢を感じるアナウンサーだ。

テレビの番組は、ディレクターやスタッフたちとの協働のものづくりである。彼女たちのような実力のあるアナウンサーと、共に働き、共に苦楽を味わいたいと思うテレビマンは多いのだろう。結婚してもしていなくても、長く仕事を続けている女性たちに、「女子アナ」という軽い言葉は適切ではないと私は思う。

さて、知人の編集者によると、女子アナの結婚相手は、かつては野球選手といった人気スポーツ選手が多かったが、最近は起業家や実業家などが増えているという。そして世間がそれをうらやましがるのだという。「お金」に価値を見出《みいだ》す人がそれだけ多いということか。婚活において、経済力を重視する女性が多いという先の話にも通じる。日本の価値観はすっかり経済効率第一になっている。

こういう観点は、お金にあまり興味のない私には理解不能である。

もちろん、あるのに越したことはない、という意見はわかる。だが私は、自分で食べていく分は自分で稼ぐ。人に稼いでもらう必要はないし、使いきれないくらいあっても、どうしていいかわからない。以前、『持たない暮らし』に書いたように、要らないものは買わない生活をしているから、それほどお金が必要ないのだ。

無駄な出費のほとんどは、人と同じことをすることで生じるものである。自分が欲しいからではなく、流行だから、友人が持っているから……という理由で買い物をしていないかを考える必要がある。

若い女性の多くがルイ・ヴィトンのバッグを欲しがり、海外まで行き、店舗に行列を作って買っていた時代があった。私は一つも持っていない。鞄自体は丈夫で使いやすいだろうし、デザインが人気なのもわかるが、あれだけ多くの人が持っているものを持ちたいと思わないのだ。

誤解のないように言っておくが、おしゃれは大事である。何もしなくとも、若さだけで十分にかわいく綺麗に見える年代と違って、歳をとると、そのままでは醜くなる。清潔感もなくなってくる。だから歳を重ねた人ほど、おしゃれに気を遣うべきだと私は思っている。しかしそれは、流行を追ったり、人の真似をすることではない。おしゃれは自己表現であるから、自分らしいおしゃれが大事なのだ。

結婚も同じである。お金のある人と結婚して、綺麗な格好をして、おいしいものを食べ、セレブと憧れるような生活……それは本当に自分がしたいことなのかを、自分の心を掘って、問いかけてほしい。それが自身の真の望みであれば、そうした結婚を目指すのがよいだろう。

お金が何の力も持たないことがある

結婚から少し話が逸《そ》れるが、「お金」についての私の考えを述べておきたい。

お金は絶対に安心な備えにはならない、と私は考えている。

どれだけお金を貯めても、インフレーションになれば紙屑になる。人類はそういう歴史を何度も経験してきた。インフレーションになっても大丈夫なくらい貯めればよいのかもしれないが、庶民に到底できることではない。

仮にお金があったとしても、時代の大転換に際しては何の力も持たないこともある。それを私の先祖も、父も経験した。

下重家の先祖は、江戸の終わり、松平藩の小藩・浜田藩に仕える御典医だった。浜田藩は幕府派で、すぐ隣は、明治維新の立役者となる長州藩である。病弱だった浜田藩のお殿様は、長州相手では勝ち目がないと城を捨てて、中国山地の津山に身を潜めることになる。お殿様に同行した我が祖先も、その後苦労をしたようだ。食うに食われず、傘を張ったり、塾のような仕事をして糊口《ここう》をしのいだこともあったという。しかし何とか生き延びたことで、いまの私がある。

職業軍人だった父もまた、敗戦後、公職追放され、没落した。経済的には苦しかったが、我が家には絵画が趣味だった父の集めた画集、それから文学全集やレコードがあり、私はそれで十分豊かな気持ちになれた。

そういう育ちによって「武士は食わねど高楊枝」の価値観が私のなかに根を張った。「お金より精神性が大事」と言い換えてもよい。お金では譲り渡せない矜持《きょうじ》があるということだ。

現時点でお金がなくても、働く体力と気力があれば、今後のお金などどうにでもなるというものだ。もっと言えば、命さえあれば、どうにでもなる。反対に言えば、経済がどれだけよくなったところで、人の命が失われてしまったら、何の意味があろうか。

いざというときへの備えをするなら、お金を貯めるより、教養を身につけるべきだ。自分らしい教養こそが我が身を助ける。だから婚活においては相手の経済力を見るより、教養への姿勢や幅、深さを見たほうが、よほどその人の将来を占うことになると思う。

お金で付き合うカップルや人間関係は、ことわざ通り、「金の切れ目が縁の切れ目」になりがちだ。


チャンスを作る女と待つ女、それぞれの生き方

自分で自分を食べさせる。私はこう決めて生きてきた。

だが、皆がそうするべきだと考えているわけではない。私には、私とは正反対の仲のよい知人がいる。

彼女（Ｉさん）はＮＨＫの同期で、入局したときから、「早く結婚して、男に養ってもらいたい」と公言していた。彼女の望みは、当時としては普通のことだったのだろう。いまでもそう望む女性はいるかもしれない。

Ｉさんが凄いのは、養ってもらうためには、「ちゃんとした男」を見つけなければいけないと言い、有言実行したところだ。ちゃんとした男とは、私の言葉では、教養ある男、と言い換えられるだろう。

彼女の読みはぴたりと当たり、結婚相手はのちに文化勲章をもらう大御所となる。結婚までの経緯はこうだ。

ある番組で共演した男性に、Ｉさんは好意を抱いた。そこから、あっという間に結婚し、仕事をやめた。何が起きたのかと驚いた私に、彼女は言った。

「チャンスを作らなきゃダメなのよ」

「チャンスは向こうから来るもので、作るものではないでしょう」

と返すと、「それだからあなたはダメなのよ」と、たしなめられた。

何かを手に入れたいとき、私の基本姿勢は、恋愛に限らず「待つ」である。自分から動くより、チャンスが来るまで勇気を持って待つ。アナウンサーは好きではなかったが、当時はそこが自分の生きる道だと信じたから、精一杯頑張って、そのなかで楽しみを見つけて働いた。その間も、「物書きになる」という夢を手放さず、信じ続けてチャンスを待った。

その姿勢は、病気で一日中寝ていた幼いころ、唯一の友達だった蜘蛛に学んだ。蜘蛛は美しい網を張って、じっと獲物を待っている。ひたすら待ち続け、獲物がかかったら、その瞬間、一気に跳びかかる。待つ勇気と根気。それが私の生きる信条となった。

しかしIさんは違う。自らチャンスを作って、チャンスをモノしなければならないと断言する。

ある日、番組が終わった後、彼女は好意を寄せている男性と、近くの公園を散歩する機会を得た。そのとき、木の根っこに躓《つまず》いて、転んだふりをしたというのだ。

「ということは、演技だったの？」

と私が驚くと
「そうよ」

と、したり顔で言う。

「目の前で人が転べば、相手は驚いて手を差し伸べ、助け起こそうとするでしょう。そこから何かが起こるのよ」

「ふーん」と私は感心してしまう。

かくして何かが始まって、二人は結婚したというわけだ。

Iさんはかわいい子だった。顔がかわいいのではなく、気持ちがかわいい子。自分の欲望に素直で堂々としているから、嫌味がない。男に媚《こび》を売って気持ちを引こうとするような、いやらしいタイプではない。根が天然で一生懸命。そういう女に男は弱い。

彼女がしたような作為を、最近は「あざとい」と表現すると編集者から聞いた。「あざとさ」は必ずしも悪い意味で使われるのではなく、コミュニケーションの潤滑油になることもあるという。

Ｉさんはモテる子だったが、結婚相手は自分で選び、自分の手でつかんだ。彼女のような、誰かに養ってもらう生き方も、一つの立派な生き方である。自分がそう望むのであれば、Ｉさんのように全うするのがよいだろう。彼女たち夫婦は現在も仲がよく、彼女は自分の生き方に誇りを持っている。

私には、わざと転ぶなどという作為的な芸当は、とてもできない。もし転んだとしても、相手に助けてもらう前に自分で立ち上がってしまうのが私という人間だ。優しい彼女は私にも、自分で編み出したテクニックをいろいろと教えてくれた。しかし、教えられる側にその気がなく、才能もないものだから、役に立たなかった。

「だからあなたはダメなのよ。かわいくないのよ」

まったくその通りだっただろう。

こうも言った。

「あなたは賢すぎるのよ」

これはどうだろう。そうなのかもしれないが、しかしそれは外側からの見え方、感じ方にすぎず、本当に賢いのはIさんのような、賢さを見せない子だと私は思っている。

男から女への「賢すぎる」は別れの言葉

少し話は脱線するが、「賢すぎる」は褒め言葉だろうか。

私はかつて、男性に「あなたは賢すぎる」とよく言われた。男が女にそう言うとき、決して褒め言葉ではないと思っている。少なくとも当時はそうだった。

賢すぎるとは、馬鹿になれないという意味だ。理性が勝ると言い換えてもよい。恋愛も結婚も、ある程度、馬鹿になれないと成り立たない。理性でするものではないからだ。

そう考えると男性が女性に発する「賢すぎる」は、「あなたは、私が付き合ったり恋愛したりする対象にはなりませんよ」という表明と受け止めることができる。自分が付き合うには、「もう少し馬鹿な女のほうがいいんだよな」という意味が含まれているわけで、とりわけ「すぎる」という言葉に、軽い揶揄《やゆ》さえ感じられる。

女性の多くが社会に出て働くようになった現在、「賢すぎる」は褒め言葉になったのだろうか。

性別問わず、仕事において「賢すぎる」は褒め言葉だろう。しかし、男女関係においては必ずしもそうはなってないようだ。

ある女性編集者は、「賢すぎる」は「別れの言葉だ」と言った。

「君は女らしくない、賢すぎる、強すぎるといつも言われていました」と話す彼女は、離婚経験がある。

もちろん男性にもいろいろいる。「賢すぎる」女性を好む男性もいるだろう。価値観も変わってきてはいる。だが私の知る限り、男性の価値観は、大きな傾向としてはそれほど変化していないように感じるが、読者の皆さんはどう感じるだろうか。

女が賢さを発揮することは、自分自身にとってはよいかもしれない。しかし、男にとって賢すぎる女はかわいくないのだ。そして先に紹介したIさんは、「賢すぎる」の対極にいる女だった。

ちなみに男に好かれたいという考えのない私は、「賢すぎる」と言われて困ったことはない、ということを付け加えておきたい。

派手婚vs地味婚　結婚式の移り変わり

ここ数年のコロナ禍の反動か、昨年から結婚披露宴が増えているという。容易に人に会えない時間が続いたことで、大切な人と共に過ごす時間や感動を大切にしようという考えが強まることは理解できる。

結婚式や披露宴も時代とともに移り変わってきた。

高度経済成長期の披露宴は派手であった。その象徴として、人気タレントの、何億円をもかけた豪華披露宴がテレビで中継されていた。新婦が何度も衣装を着替えたり、ケーキの高さが話題になったりするのを、私は冷めた目で眺めていた。

バブルがはじけると〝地味婚〟が流行り、入籍だけで済ませる芸能人も増えた。

大手ブライダル情報サイトのアンケートのデータで、いま結婚式を挙げるのは、結婚するカップルの約半数というデータがある。結婚式を挙げない理由の１位は、経済的なものだそうだ。挙式・披露宴にかかるお金は平均約３００万円。バブル時代は５

00万円かける人も少なくなかったというから、景気と連動しているとはいえ、決して安い金額ではない。その上、人によってはやれ指輪だ、やれ新婚旅行だと出費がかさむ。

そういう経済的事情も影響してか、現在、結婚式や披露宴の在り方は多様化している。海外で挙式をする人もいれば、写真だけ撮るフォトウエディングも広がったという。

結婚式も披露宴も、当事者が気に入るかたちを選択すればよいと思うのだが、いまだにある種の「定型」がまかり通っているのが不思議だ。

一つは、会社の上司や、学生時代などの友人、知人によるスピーチだ。歯の浮くような台詞が並び、面白くない。

もう一つが、親への手紙や花束贈呈だ。ここぞとばかりにBGMが盛り上がり、司会者は声を張り上げ、新郎新婦のみならず参加者は涙ぐむ。演出めいていただけないし、何より、結婚が「家」と「家」の結びつきであることを示されるのが嫌だ。

親に感謝するなと言っているのではない。手紙を書いたなら内々で渡せばいいいし、感謝の言葉は当事者同士で伝えればよい。人前で読み聞かせる必要があるのだろうか、と思うのだ。結婚は個人と個人の問題である。自分たちの結婚を人様に認めてもらう、しかも高い金銭を払ってまでそれをする必要性を感じない。

結婚式は恥ずかしいもの

ここまでお読みの方はおわかりの通り、私は結婚式をしていない。つれあいともども、人前に自分たちの姿をさらすような恥ずかしいことは、絶対にごめんだった。

ということを話すと、「あなたはアナウンサーという特別な職業に就いていて、日ごろから綺麗な洋服や着物を着て人前に出る機会があるから、そう思うんですよ」と知人の評論家に諭されたことがある。一般の人は、綺麗なドレス、あるいは着物を着て人前に出る機会などめったにないから、結婚式を楽しみにしているのですよと。いわば結婚式は、普通の人がヒーロー、ヒロインになれる特別な場なのだと。

この理屈はわかる。私は仕事で、さまざまな衣装を着ている。

しかしそれはあくまで公の場での私であって、プライベートではできるだけひっそりと、人目につかずにいたい。それが私の美意識なのだ。ひそやかなものこそ美しいし、面白い。恋も、人知れずにやっているうちが甘美なのだ。

美意識は恥の意識と表裏一体である。

ひそやかなものが好きな私は、人前で「今日から夫婦です」と宣言すること自体が恥ずかしい。それはすなわち「今日から二人で寝ます」と同意で、そんなことを大っぴらに言うなど羞恥の極み、だと思うのだ。

だから私には、結婚式は美しいものではなく、むしろ醜いものに映るし、白いウエディングドレスも、純白のはずなのに、くすんで見える。白は難しい色ということもあるだろう。

これらはあくまで私の結婚式観であって、やりたい人はやればよい。つれあいの教え子の仲人を頼まれて、結婚式に出たことも何度かある。

とはいえ、結婚式にはあまり行きたくないのが本音だ。もともと人が集まる場所が好きではないし、お祝い事は私が行かなくても、そういう場を好む誰かが行くだろうと考えてしまう。

一方、お葬式は、お通夜も含めて、行けるときは必ず行くようにしている。故人とお別れをしたいし、淋しい場には、一人でも多くの人がいたほうがいいだろうと思うからだ。

結婚写真を撮るなら一人で

私の母は、私に結婚式をしてほしかったと思う。しかし36歳になるまでの私の生き方を見てきたからか、見事にあきらめてくれた。つれあいの両親も何も言わなかった。そういうわけで私たちは結婚に際し、Tシャツ、ジーパンに突っかけ姿というラクな格好で、近所の神社に行っただけだ。

当時、住んでいた等々力には、等々力不動尊をはじめ、神社仏閣がたくさんあった。ご挨拶に、徒歩圏内をすべて回ろうということになって、つれあいと散歩がてら、5か所を回って手を合わせた。

いつもは10円しか入れないお賽銭を、その日は奮発して一人100円。5倍だから500円、二人で1000円。

それから家に私の両親と、つれあいの両親を呼んで、6人でご飯を食べた。うちの母の手作りの五目ずしを食べ、ビールを飲んで終わり、以上。さりげなく、さっぱりと。これが私たちなりの、ささやかな区切りであり、儀式であった。

せめて写真くらい撮らなかったんですか？　と編集者に驚かれたが、写真を撮るような格好をしていなかった。

結婚写真を尊ぶ気持ちが、実は私にはわからない。家に結婚式の写真を飾っている人を見ると、正直、ぎょっとする。私たちがその日、もし写真を撮っていたとしても、どこかに隠してしまって、その後見返すことはなかっただろう。

綺麗な衣装を身にまとった綺麗な自分を保存しておきたいという意図で残す写真であれば、私一人を撮ってもらいたい。二人で撮られる必要があるだろうか。写真を見て、「昔はかわいかったな」「こんな経験をしたな」と振り返るのは楽しい時間だと思う。でもそれは、自分一人の写真を見てやればいい。

つれあいに指輪を買ってもらうなんてとんでもない。欲しいものは自分で買う。

結婚してからいままで、我が家は独立採算性を貫いている。相手の収入も支出も知らず、知りたいとも思わない。

と言っても想像はつく。長年テレビ局で働いてきて、その後、大学で教えるようになったつれあいには、年金もあるだろう。自由業の私のほうは、よく働けば多いし、そうでないときは減るという不安定な生活を続けてきたが、ここ数年はベストセラーにも恵まれ、何とか最後まで自分で自分を養うことはできそうである。

共通の買い物や、共通にかかる費用は、できる限り平等に折半してきた。家、車、食費、光熱費などである。

共働きでも生活費は男が払うのが男の甲斐性と心得ている殊勝な男性もいるようだ。女性の側も、女が働く時代になったにもかかわらず、デートでは男性に奢ってもらいたいと望む人が少なからずいるのだという。こうした価値観が根強いことが、日本でジェンダー平等がなかなか進まない一つの要因ではないだろうか。

私は、生活費を払うと言われても、断る人間だ。男も女も同等に払うのは当たり前のこと。それでなければ、言いたいことが言えない。対等な関係でいられない。

「子どもを持つべき」と考える女性が急激に低下

結婚しても子どもを持たない人が増えている。

〈「結婚後　子どももつべきだ」6年で激減〉という インパクトの強い記事が朝日新聞に載った（2022年9月13日）。国立社会保障・人口問題研究所が発表した出生動向基本調査の結果、独身者（18〜34歳）のうち、「結婚したら子どもはもつべきだ」と考える女性は36・6％、男性は55・0％。6年前の調査と比べると、「子どもをもつべき」と考える女性の割合は半減、男性も下がったという。

そもそも結婚を望まない人も増えていて、男性は17・3％、女性は14・6％が「一生結婚するつもりはない」と答えている。

記事内では、少子化問題に詳しい専門家が「ショッキングな結果だ。結婚して子どもを持つ意欲が特に女性で大幅に低下した。一生結婚しないと考える人の割合も、女性の方が増加幅が大きい」と指摘している。そしてその背景として、「女性に偏りがちな家事・育児負担や、男性より低い傾向にある賃金といったジェンダーギャップへの失望や反発があるのではないか」と分析している。

もう一つ、注目すべきデータがある。

２０２３年卒の大学生・大学院生を対象にした「大学生のライフスタイル調査」によると、女子学生の14・5%、男子学生の7・5%が、「今のところあまり子供は欲しくない」と答えている。この数字は、調査開始以来、最も高いのだという（「株式会社マイナビ」）。結婚後の働き方についての質問もあり、「夫婦共働き」を希望する割合は男子学生の59・9%、女子学生の74・5%と、半分以上が共働きを希望している。

こうした調査結果から、若者の意識や価値観が急速に変化していることがわかる。

しかし、さまざまな社会制度が変わっていないし、現実に追いついていない。このギャップが、結婚しない人、子どもを持たない人を増やしていると考えられる。

もちろん、結婚するかどうか、子どもを持つかどうかは、個人の選択でもある。制度とは関係なく、個人の選択として考える必要もあるだろう。

子どもを持たないと最初から決めているのであれば、結婚しなくてよいと考える人は増えていくと思う。パートナーがいても付き合っていればよいのであって、自立した男女がわざわざ「結婚」する必要があるだろうか。

事実婚のメリット、デメリット

実際、「事実婚」を選択する人が増えている。

事実婚の明確な定義はないらしい。一般に、婚姻届を出さないまま、男女が結婚の意思を持って共同生活を送っている状態を指す。

この事実婚にはメリットもあるがデメリットもある。法律に守られないため、受けられる待遇に差が出てくるのだ。

毎日新聞の「結婚って何ですか」という特集を参考に、事実婚と法律婚の違いを簡単に整理してみよう。

まず、事実婚は、夫婦で子どもの親権を持てない。婚姻関係にある夫婦の間に生まれた子どもは嫡出子となるが、事実婚の夫婦に生まれた子どもは非嫡出子となり、妻である母親の戸籍に入ることになる。女性は自動的に母となり親権を持つが、男性は父になれない。父子関係を認めてもらうためには、認知届の提出が必要になる。

また、配偶者としての権利という点にも差がある。たとえばパートナーが病気や事故などで手術が必要になったとき、意識不明や重体、認知症などの理由で本人の意思を確認できない場合は、家族が判断することになる。このとき、病院によっては、事実婚のパートナーを家族として認めない場合があるのだ。そうなると手術の同意書へのサインができなかったり、病状の説明を受けられない、面会ができないということがあり得る。

さらに、事実婚の場合、税法上の配偶者控除が受けられない、法定相続人にはなれないというデメリットもある。法律婚をしていれば、夫婦のどちらかが死亡した際、財産や権利などを相続する権利が配偶者に自動的に与えられるが、事実婚ではそうならないのだ。公正証書を作っておいたり、遺言を残しておけば、相続は可能だ。

このように見てくると、結婚とは法律に守られた制度であることがよくわかる。

これは当然で、結婚とは国の制度であり、結婚の先には国家があるからだ。

恋とか愛と結びつけて結婚を考えている人がいるかもしれない。個人として見ればその面がないわけではないが、制度として見れば、結婚と恋愛は何の関係もないのだ。

結婚の先に国がある――この点が、私が結婚を嫌う最大の理由である。結婚は自由意志でするものと言いながら、結婚という制度は国ががっちり管理している。ゆえに、現状、事実婚には認められていないさまざまな権利が、婚姻関係を結べば認められるのだ。

では事実婚のメリットは何か。人によってさまざまではあろうが、大きなものが、夫婦別姓でいられることだ。毎日新聞にも「事実婚は、夫婦別姓とともに語られることが多くなっています。夫婦が結婚後も異なる姓のままで生活したい場合、今の制度では事実婚を選ぶ以外にないからです」とある。

夫婦が同じ姓を名乗らなければいけないと法律で定めている国は、世界中で、日本だけである。選択的夫婦別姓がこれほど進まないことに、私は絶望的な気持ちになる。

選択的夫婦別姓に反対する女性議員の本音

野田聖子元総務大臣は自民党において選択的夫婦別姓を推進してきた、いわば推進者である。私は以前、野田さんと対談し、なぜ日本で選択的夫婦別姓が進まないかについて議論を交わした。

野田さんが最初に選択的夫婦別姓の導入を訴えたのは1996年2月である。25年以上も前の当時でさえ選択的夫婦別姓を求める女性は多く、すぐに改正される雰囲気があったが、自民党の反対で見送られることになった。このときの理由について、「男ばかりの自民党にとって関心のない政策だったから」と、野田さんは説明した。「男社会」が原因であったということだ。この実態がいまなお続いている。

男性の多くは自分が名字を変えていないから、困っていない。女性の苦労が想像はできても実感していない。私のつれあいも、私の不便さはわかっても、不快さはわからない。自分の名で生きていない不快さが、男性にはわからないのだ。

自民党のなかでも変化の兆しはある。夫婦別姓反対の急先鋒だった稲田朋美さんが、賛成を表明するようになった。一方で、女性議員であっても一部の議員は反対している。

反対の理由として挙がるのは「家族が壊れる」「家族の一体感がなくなる」といった、「家族」を重視する意見だ。しかし野田さんは、自民党の女性議員が反対する理由について、自民党は男の政党だから、そっちへ寄ろうという気持ちや、保守的な団体への忖度《そんたく》などがあると、彼女たちの本音を分析していた。

改めて言うまでもないが「選択的」夫婦別姓なので、同姓にしたい夫婦は同姓にすればよい。これまでと何ら変わらない。別姓も選択できるというだけの制度だ。にもかかわらず、この個人の選択が日本では認められない。

選択的夫婦別姓に対する世論調査は定期的におこなわれていて、賛成は反対より多いという調査結果もある。

しかし、昨年、何とも頷《うなず》けない結果が出た。選択的夫婦別姓制度導入への賛成が、2017年には42・5％だったが、2021年は28・9％まで落ちたというのだ（内閣府「家族の法制に関する世論調査」）。

裏にはあるカラクリがあった。

設問が変わることで急落した支持率

選択的夫婦別姓の支持は28％止まり――。

この調査結果の裏には、設問内容と順番の変更があった。

選択的夫婦別姓を問う設問は、２０１７年のときはこうなっていた。

①選択的夫婦別姓制度の導入は不要
（婚姻をする以上、夫婦は必ず同じ名字を名乗るべきであり、現在の法律を改める必要はない）

②選択的夫婦別姓制度の導入に賛成
（夫婦が婚姻前の名字を名乗ることを希望している場合には、夫婦がそれぞれ婚姻前の名字を名乗ることができるように法律を改めてもかまわない）

③選択的夫婦別姓は不要だが、旧姓の通称使用に賛成
（夫婦が婚姻前の名字を名乗ることを希望していても、夫婦は必ず同じ名字を名乗るべきだが、婚姻によって名字を改めた人が婚姻前の名字を通称としてどこでも使えるように法律を改めることについては、かまわない）

それがこう変更されていたのだ。

①現在の制度である夫婦同姓制度を維持した方がよい
②現在の制度である夫婦同姓制度を維持した上で、旧姓の通称使用についての法制度を設けた方がよい
③選択的夫婦別姓制度を導入した方がよい

その結果、2017年の結果では②の「選択的夫婦別姓制度の導入に賛成」が多くの支持を集めたのに対し、昨年の結果では、②の「現在の制度である夫婦同姓制度を維持した上で、旧姓の通称使用についての法制度を設けた方がよい」が最多の支持(42%)を集めた。

そもそも設問が変わっているので二つを比較しても仕方がないのだが、あえて賛成支持が減った理由を分析するなら、昨年は「通称使用」の選択肢を2番目に持ってきたことで選びやすくなったこと、また、2017年に用いられていた「かまわない」という表現を「よい」という積極的表現に変えたことで、積極的支持を避ける人が増

えたと考えることができる。

こうした設問の変更は世論導入につながると政府のなかでも批判が出たという。調査を担当した法務省は「割合を低くしようとする意図はまったくない」と応えているが、これをはい、そうですか、と受け止めることは到底できない。保守派への配慮があったのではあるまいか。

旧姓を通称として使用することは、働く女性、いや男性も多くがやっている。私も仕事をはじめすべての場面で、戸籍名と別に通称として「下重」を使ってきた。すでにこれだけ広がっている旧制の通称使用なのに、「法制度を設ける」という一文が入ることによって何が変わるのだろうか。

その一言で印象を変えようとする国側の姑息《こそく》な考えが透けて見える。

同時に、その一文で、選択的夫婦別姓を妥協してしまう国民、とりわけ女性たちに対しても、私は腹立たしさを感じる。

夫婦別姓は「個」の権利の問題

通称が法的に認められれば、現状の不便さが改善されるかもしれない。それでいいではないか、という人がいたが、姓の問題は、便利か便利でないかという問題とはまったく次元の異なる話だ。

これは個の権利、個の独立、すなわち人間の本質に深く関わってくる問題である。

つくづく日本は、「個人」とは何かがわかっていない国だと思う。

なぜ選択的夫婦別姓が必要か。

多くの人は姓を変える不便さを挙げるが、それは本質ではない。

通称が認められたところで、「下重暁子」という個人が法的に認められていない事実は揺るがない。それではダメなのだ。

個の存在を認めないということは、日本国憲法第十三条に違反する。日本では相変わらず個の存在を認めたくないのか。何を恐れてかたくなに個に反発するのか。

夫婦同姓は不便なだけではない。私という個が否定されることが不快なのである。

通称が法的に認められるならそれでいいかと、簡単に考えを変えてしまったり、妥協したりする女性に、私は失望する。

現状を変えるためには女性は闘わなくてはいけない。

多数派に流れ、現状に甘んじるほうが、生きていく上ではラクに決まっている。しかしそれでは何も変わらない。現状を変えたければ努力をしなければいけない。

選択的夫婦別姓のみならず、結婚にまつわる現状の制度にはさまざまな不備、不足があると私は思っている。同性婚を認めるべきだし、事実婚と法律婚の法律上の差をなくしていくべきだ。そして現状の「結婚」制度を変えるためには、闘わなくてはならない。

どんな闘い方でもいいのだ。自分のできる範囲で、できる方法で、闘っていけばよい。

私の大学時代の同級生は、いまだに国会議事堂へ行って、デモに参加している。昨年は安倍晋三元首相の国葬反対のデモに毎晩のように行っていた。彼女の信念と行動力を尊敬している。

私は体力的にデモには行けないが、その代わり、私には書く場所がある。書くことで考えを発信してきたし、これからもしていく。

一人の人間として、社会や政治がおかしいと思えば、意見を表明していくべきだ。最近ではTwitterなどSNSを使う人も多い。自分らしい手段を見つけて一人ひとりが発信していくことでしか、社会は変えられない。

第3章

離婚する道　しない道

なぜ離婚しなかったのか

離婚を考えたことのない既婚者などこの世にいるのだろうか。

私にも離婚を本気で考えたことがあった。しかし、おわかりの通り、いまのところしていない。

その理由を挙げると、一番は、離婚したい気持ちより「面倒くささ」が勝ったからである。

離婚の手続きは煩雑だ。とくに結婚によって姓を変えた側の手続きは実に面倒くさい。

それから自分が離婚を望んでも相手が望まない場合、話し合いや、果ては裁判まで、時間がかかる。

我が家の場合は、それぞれ仕事をして、好き勝手に生きてきた。相手に対して思うことや納得のいかないことがあっても、目の前の仕事が忙しく、また仕事のほうが大事でエネルギーを費やしているうちに、ふと気づくと1年くらい経っていた、という繰り返しだった。私が別れたいと言えば、つれあいも異論はないだろうが、互いに面倒くさがりなのだ。

そもそも私は相手に関心がないし、期待していない。だから裏切られるということがない。それも同居生活が続いている一因だろう。

たまたま一緒に暮らしているとはいえ、独立した人間である。仕事には口を出さないし、プライベートのことを根掘り葉掘り聞くこともない。

本音をぶつけ合ってこそ夫婦や家族、と考えている人もいるようだが、私は「話し合い」を必ずしもよいものだと思っていない。伝えるべき情報を言葉で伝えることは大事だが、とはいえ何でも「話せばわかる」は幻想だと思っているからだ。わかり合えないとあきらめたところから始まるのが、真の人間関係ではないか。これは夫婦に限ったことではなく、親子でも、友人でも、同様だ。

共に暮らしていると、相手の習慣はおのずとわかってくる。しかし、相手の本質を理解することはできない。自分のこともわからないのに、他人がわかるなどおこがましい、と私は考える。

そういうわけで、私はつれあいと、深いコミュニケーションをできるだけ取らないように努めてきた。これも離婚に至らなかった要因だろう。ぶつかり合わなければ致命的な喧嘩にならない。

それでも長く共に生活をしていると、どうしたって衝突は起きる。そんなとき、私は逃げる。喧嘩になる前に、そそくさと散歩に出かけたり、仕事に行ったりする。

つれあいは生活そのものをきちんとしたいタイプで、家事も料理も得意だ。一方の私は、「大らか」と言えば聞こえはいいが、要は「大雑把」で、たとえば部屋が散らかっていてもそれほど気にならない。つれあいと私は、生活に対する姿勢や求めるものがまったく違うのだ。その違いが、折に触れて喧嘩の火種になってきたのだが、あるときから、火が燃え盛る前に逃げることを覚えた。

逃げるという知恵、そして、仕事という逃げ先。これらがなかったら、とうの昔に別れていただろう。

熟年離婚をする前にしておきたいこと

離婚が増えていると言われるが、厚生労働省が発表している「令和4年度　離婚に関する統計の概況数字」を見ると、離婚件数は平成15年以降、ゆるやかな減少傾向が続いている。離婚件数が減っている背景には、結婚自体が減っていることもあるのではないか。

では、離婚に至ってはいないものの、離婚を考えている夫婦はどのくらいいるのだろうか。

あるアンケート結果では、「離婚したいと思ったことのある」人は、既婚者の6割にのぼった（2021年 Yahoo! JAPANアンケート）。詳細を見ると、「ずっと離婚したいと思っている」（6・4％）、「時々思う」（34％）、「一回思ったことがある」（21・7％）となっている。

6割が離婚したいのに、実際はしていない。その理由の第一が、子どもがいるからだ。子育て中の人、とくに子育て中の女性が容易に離婚できないのはよくわかる。日本社会はシングルマザーを支援する制度が十分ではない。シングルマザーの貧困は社会問題となっている。

だからこそ、子育てが終わった後の離婚が増えているのだろう。

先の厚生労働省のデータで増えている数字がある。それが、「同居期間が20年以上」の夫婦の離婚だ。いわゆる熟年夫婦の離婚は、昭和60（1985）年には約2万件だったが、令和に入ると約4万件と倍増している。

ある女性誌のアンケートでは、読者に「捨てたいもの」を聞いたら、一番捨てたいのは夫という驚きの結果が出たという。子育てが終わった後は、自分の人生を自由に生きたい。そう考える女性が増えているのだろう。

これは裏を返せば、いままでの人生が夫や子ども中心で、自分のために生きてこなかった女性が多いということだ。

熟年離婚を選ぶのは自由だ。離婚して気持ちが晴れ、前向きに生きられるのであれば、そうすればよい。ただその前に、その結婚を選び、長い結婚生活を送ってきた自分自身を顧みる必要はあるだろう。妻や母という役割に甘んじていなかったか。耐えるだけで行動に移す勇気が足りなかったのではないか。

夫婦はお互い様である。相手を責めるだけでなく、自身の反省がなければ、離婚後、新しい人生を切り開くことはできないだろう。

最近は、離婚はしないが、お互い干渉せず、自由に生活をするようになる「卒婚」も流行っているという。婚姻状態にあるため、法定相続関係は続く。だが生活は別々にしようという関係のようだ。

卒婚を宣言したところで、何が変わるのか、私にはよくわからない。お互い自由に生活するという状態を卒婚というのであれば、我が家は最初から卒婚だった。

すれ違い生活のススメ

夫婦共働きの家庭はどこもそうであろうが、私たちも若いころはお互い忙しく、つれあいは海外勤務や出張も多かったので、一つ屋根の下に住んでいるといえども、〝すれ違い〟生活が基本だった。そうでなければ息が詰まったと思う。

私もテレビの仕事が多かったころは、1か月のうち、3分の1くらいは旅をしていた。東京から近い場所への日帰りから海外まで。旅好きの私は、仕事で東京を離れるといきいきした。

当時は携帯電話のない時代だった。旅に出ているほうが、旅先から家の電話に連絡を入れることもあるが、相手が家にいるとは限らない。だから決まり事にはしていなかった。

それぞれが旅に出るとき、一つの習慣ができた。ベッドの上に「旅人さん」を寝かせておくのだ。旅人さんとは「木枯し紋次郎」の人形で、私が忘年会の景品でもらったものだった。普段は箪笥《たんす》の横にあるこの人形を、旅に出るとき、ベッドに寝かせておく。

帰宅後、寝室の扉を開ける。紋次郎が寝ていれば、相手は旅に出て今日は帰らないという合図だ。

前もってわかっている予定であれば、事前に相手に伝えておくが、急なときは紋次郎の出番である。実用的かつ、心も和む。こうした負担のないルールが、私たちを辛うじてつなぎとめていたように思う。人間だから淋しいこともあるが、それはお互い様である。自分勝手で生きるとは、相手の自分勝手も認めることである。

東京にいるときも、若いころは時間がバラバラなことが多かった。二人とも不規則な仕事である。私が早朝番組で出かけようとしているときに、泊まり明けでつれあいが帰ってくるとか、麻雀から帰還することも珍しくなかった。

次第に物書きの仕事に比重を移し、私は家で仕事をする時間が増えていったが、つれあいは出かけていくので二人の距離感は変わらなかった。

そうやって独立した生活を送っているからこそ、予定の合う休日は貴重になる。そういうときは共に食事を楽しんだり、出かけたりした。

しかし、つれあいが60歳になり、テレビ局から大学に移ったころ、ちょっとした危機が訪れた。仕事が変わって時間ができたことで、二人の距離が近づいてきたのだ。

何とも我慢がならなくなった私は、ある提案をした。

「家庭内別居をしましょう」

ストレスが溜まっていたのは、つれあいも同じだった。

家庭内別居のススメ

私たちは寝室を別にすることにした。

それ以外のリビング、キッチン、バス・トイレは共有である。私は家で仕事をするので仕事部屋も確保した。食事は一緒にするけれど、それぞれ個室があるというのが我が家の「家庭内別居」である。

大学の仕事をリタイアしたいま、つれあいは日中、リビングやキッチンで過ごす。私は仕事部屋にこもる。

食事は料理の好きなつれあいが作り、私もお相伴《しょうばん》にあずかる。すでに述べた通り、料理は彼の趣味であり、私に「作ってあげている」わけでも「作らされている」わけでもない。私も「作ってもらっている」と思っていない。

ただ、私は食事は一人でとりたくない。賑やかに会話をしながら食べたいわけではないが、人間でなくとも猫でも犬でもいいから傍にいてほしい。『孤独のグルメ』のように、マイペースに好きなものを食べるのが流行っているというが、私は一人ご飯は嫌いである。仕事で時間がないときはもちろん一人で食べるが、普段はそうしたくない。

そういうわけで、つれあいの料理をありがたくいただく。

夕食が終わると、つれあいは自分の部屋に入る。そこから私は、リビングを独り占めする。リビングのソファにひっくり返って本を読んだり、音楽を聴いたり、自由気ままに時間を過ごす。猫派のせいか私は夜行性で、自分の寝室に引き上げてベッドに入るのは、深夜一時ごろだ。

一般に年寄りは朝が早いと言われるが、それは嘘である。正しくは人による。年寄りだろうと朝型もいれば夜型もいるのだ。私は夜型で、朝は遅い。ただし、朝型であろうと夜型であろうと睡眠は大事である。

隣の部屋のつれあいが何時に寝ているのか、私は知らない。自室に入った彼の動向を確認していないからだ。興味もない。

ただ最近は、お互いの部屋のドアを閉めないようにした。年齢的なこともあり、何かあったときに大きな声を出せば、隣の部屋に聞こえるようにしている。

困ったときや病気になったときには助け合えば十分。それ以外は、お互い自由に生活したい。

コロナ以降、テレワークが広がった。働き方が多様になることで、住む場所の選択肢も増えた。テレワークが可能ならと、都心を離れ、地方に移住する人も出てきたという。

一方で、主婦からは「耐えられない」という声が挙がったという。一日中、夫が家にいることが我慢ならないというのだ。

夫が家にいると、普段は自由に使えるリビングを占領される上、主婦は食事の支度に負われることになるらしい。それぞれ好きなものを食べればよいと私は思うが、そうできない家庭もあるようだ。

テレワークでも、夫婦がそれぞれ個室を持って家庭内別居すれば、互いのストレスが減るだろう。とはいえ、子どもがいたりすると部屋数的に難しいなど、家庭の事情もある。そういう家庭は子どもが独立した後がチャンスだ。それぞれ自分勝手に暮らしたらいいと思うし、そうすることで、「負担」と感じていたものが、実は「依存」だったことに、気づくかもしれない。

男だって一人がいい

家庭内別居ではなく、物理的に別居をする夫婦もいる。子育てが終わる、あるいは退職をするなど、生活スタイルが変わる転機を迎えると、一人暮らしを選択する人が私の周りに増えている。

老後は一人で気ままに生活したいと望むのは女だけではない。男も同じだ。

昨年の夏、軽井沢の高原文庫で、ドナルド・キーン展（生誕100年ドナルド・キーン展―軽井沢と日本語の美―）が開かれていたので見に行ったら、知人男性に声をかけられた。彼は私より2つ下の84歳で、軽井沢の隣、御代田《みよた》に、好きな家を建てたから見に来てほしいというのだ。建築家・吉村順三さんが最晩年に設計された家を、移築したのだという。

私の軽井沢の別荘も吉村さんの設計である。すぐに伺うと、素晴らしいお宅だった。水回りなどは今風にリフォームしてあり、住みやすそうでもあった。

彼は金曜から月曜まで、ここで一人暮らしをしているという。東京にも自宅があり、そこには妻と娘が暮らしている。

会社の社長を務める彼はまだ仕事をしており、火曜から木曜は東京で家族と共に生活を送りながら、人と会ったりするなど、東京での仕事をこなす。金曜から月曜は御代田で一人、のびのびと自然と生活を楽しむ。真冬も週の半分は御代田に来るそうだ。

「娘はたまに遊びに来るけれど、女房はまったく来ません」と笑う。

料理と呼べるほどのものではないと謙遜するが、料理も自分で作り、一人で食べる。好きな家で好きなように暮らしたい。その願いを、80を過ぎてようやく叶えることができたと満足そうに語っていた。

一人で生活する力のある男性は、妻と別々の生活を望んでいる。男だって一人がいいのだ。男も女も最後は一人になりたい。個に戻って死んでいきたい。それが本心ではないかと思う。

結婚→離婚→再婚で幸せをつかんだ女性

結婚をしたまま家庭内別居をする、あるいは別居をする。そういう例を紹介してきたが、離婚に反対しているわけではない。

むしろ本当に離婚したい人は、年齢にかかわらず、早くするべきだと思う。若いから、あるいは年だからできないと思う必要はない。

「子どものため」「親のため」という気持ちはわかるが、最終的に優先すべきは自分の気持ちだ。

子どもだって、「あなたのせいで離婚できなかった」と言われたら、かえって迷惑ではないだろうか。離婚すると生活の質は落ちるかもしれないが、不愉快でたまらない人との時間を過ごすよりも、よほどましだと考える。

また、「夫と同じ墓に入りたくないから、夫が死んでから離婚する」という話を聞いたことがあるが、それほど嫌《いや》なら生きているうちに別れるべきだ。生きているこの時間を大切にしてほしい。

自分の人生を自分の手で選び、自分の足で歩くことができれば、たとえ苦労したとしても人間、満足できるものである。

知人の編集者は、結婚して出産、その後離婚してシングルマザーとなり、女手一つで子育てをしてきた。いわゆる授かり婚で、スピード婚だったため、相手のことを「ちゃんと好きになっていなかった」ことが離婚の一番の理由だったという。結婚後、夫と価値観の違いに気づいたとき、それを愛情で埋めることができず、溝がどんどん広がっていったのだと。とはいえ嫌い合っていたわけではないし、経済的にも結婚生活を続けていくほうがメリットがあると頭ではわかっていた。しかし、彼女にとっては、相手を好きになるというプロセスが必要だったのだろう。

離婚を決めてから実際に離婚するまでに、3年かかったと話す。相手との話し合い、親への説明、子どものことをどうするか、さまざまな手続き、新生活への準備……その間、8キロ痩せた。面倒くさすぎて離婚をあきらめる人の気持ちがよくわかる、と彼女は語った。

それから十数年、子どもの手が離れたころに新たな出会いがあり、付き合い、今度は彼女は相手を「ちゃんと好きになった」。付き合っている状態のままでもよかったというが、子どもの後押しもあって、再婚を決意したという。私と出会ったときは、再婚ほやほやのころだった。

大恋愛をして結婚をしても別れる夫婦もいる。だから好きになることが幸せな結婚の条件ではない。一方で、彼女のような人もいる。離婚を経て再婚した。

結婚したから、あるいは離婚したから、人は幸せになるのではない。人生に自分が何を求めるかをわかっていて、かつ、それを行動に移すことができる人が幸せを得るのだ。

もちろん、その幸せが未来永劫続くとは限らない。未来のことは誰にもわからない。

定年後こそ人生の本番

熟年離婚に至らなくても、子が独立し、定年し、夫婦二人になったときに、危機が訪れる夫婦は少なくないだろう。

定年後こそ「個」に戻ろうと、私はよく言っている。

子育てが終わり、父や母という役割から自由になる。

定年によって、組織からも自由になる。

いまは男性も女性も働く時代だ。働いていれば、組織に守られ、組織を介しての人間関係があっただろう。それがなくなることを淋しいと感じる人もいるかもしれない。

だが、自分の人生を切り開くチャンスと前向きにとらえてはどうだろう。

組織のなかにいると人はどうしたって枠にはめられる。枠から出た定年後こそ、我が人生の始まりと胸を張ってほしい。自分の人生を新しく創造していくのだ。

そのためには、いままでの常識から自分を解き放つ必要がある。会社員時代の地位や肩書、名刺にずらりと並んだあれこれを、捨て去らなければいけない。

しかし、名刺社会を捨てられない人はいる。とくに男性に多い。

パーティーなどで、退職しているのに名刺を渡してくる人がいる。見ると、「元」のついた役職からボランティアまでが書かれている。いまどき、挨拶時にはメールアドレスを交換するだけで十分なのに、肩書がない自分は自分ではないのだろうか。

そういう人の顔に、私は仕事の履歴を見てとる。役職、職業、ゴマすりをしてきたか、我が道をいくタイプだったか。社会的な顔の刻印ばかりが残されていて、その人自身の顔がわからない。歳を重ねても、女のほうが自分の顔を残していると感じる。

定年後、新しい人生を歩み始めた人は顔つきが変わる。皆楽しげで、自信に満ちている。夫婦の危機など考えている暇はなくなる。

知人に植木屋を始めた男性がいる。テレビ局勤務時代に宮大工のゲストから木について教えられ、いつか植木屋をと夢を温めていたようだ。定年して1年間の修業をへて、夢を実現した。

彼は定年までの間にしっかりと準備をしていた。組織のなかで他から与えられた人生を送りながら、自分の生き方を温めてきた。定年後こそ人生の本番。そう考えて、自分の人生を、そして夫婦関係を見つめ直してほしい。

50年来のつれあいを〝発見〟する

結婚して数十年も一緒に暮らしていると、相手のことをすべて知った気になる。そもそも他人をわかるなんてあり得ないのだが、わかった気になる。

「この人はこういう人だ」、「家のことは何もできない人だ」とか、「趣味のないつまらない人だ」とか決めつける。

しかし、人にはいろいろな才能が、いまだ自分でも気づいていないような才能がある。やってみたら隠れていた才能を発揮することだってある。

養わなければいけない家族がいるなど、仕事と生活に追われている壮年期は、新しい才能を開花させる余裕はないかもしれない。働き方を変えて時間ができたときや、定年後こそが、それをするチャンスだ。

私自身、長年暮らしてきたつれあいの、新たな面を発見した経験がある。

大学の仕事をリタイアした後、彼はお茶を習うようになった。月に一度、鎌倉まで出かけていく。「いつまで経っても覚えない」と苦笑いしながら、雨の日も風の日も休まず出かけていく。好きなのだろう。

お茶の延長なのか、最近、花を生けるようにもなった。こちらは誰に習うわけでもない自己流だが、近所の花屋の主人と親しくなり、足繁く通って季節の花を選んで帰ってくる。それを家で生けるのだ。

私が好きで集めている焼き物に山吹をさっと生けたり、酒瓶に紫式部の実をあしらったり。これがなかなかよいのだ。型にはまらぬ自由なセンスにハッとさせられる。

「へえ、この人にはこんな才能があったんだな」

切った張ったの報道屋だと思っていたら、意外にも、芸術的センスの持ち主でもあった。こういうことがあるから、人を決めつけてはいけない。どんな男の人にも、もちろん女の人にも、仕事では発揮できなかった才能が眠っていると思う。

つれあいの生ける花が面白いから、私はスマホで写真を撮って保存している。「写真集でも出したら？　編集者を紹介するよ」と勧めるのだが、義務になると気持ちが萎《な》えるようだ。

好きな花を好きなように、自分のためだけに生けるのが性に合っているらしい。やはりエピキュリアンなのだ。

人生を変える趣味

自分のことは自分で楽しむ。これが我が家の流儀だ。

楽しむためには、仕事でも趣味でも真剣に取り組まなければならない。好きなことには、命を賭けるくらい一生懸命にならなければいけない。好きなことに一生懸命にならなくて、いったい何に一生懸命になるというのだろう。

「たかが趣味」「暇つぶし」と、趣味を低く見る傾向があるように感じるが趣味に打ち込むことで、人生は変わる。

私は長年、NHK文化センターでエッセイ教室（下重暁子のエッセイ教室）の講師を務めている。コロナ禍で一時、休みを余儀なくされたが、再開した。東京・青山教室で開いているこの教室には、東京近郊のみならず、遠方からやってくる生徒もいる。

毎回、異なるテーマでエッセイを書いてきてもらい、授業では作品を自分で音読し、講評し合う。最初から「私が教えることは何もない」と、生徒には伝えてある。一人ひとりの違いや個性を見極め、それぞれのいいところを最大限に引き出すのが、講師としての私の役割である。と同時に、年齢も、生きてた背景も異なる生徒たちのエッセイを読むことは、私自身の勉強にもなる。

この教室を約40年近く続けてきて感じるのは、打ち込む人ほど多くの果実を得るということだ。趣味の果実は求めて得るものではない。打ち込んだ結果、自然に得るものである。果実とは、多くの楽しみを感じることであり、実際にエッセイが上達することである。上達するとますます楽しくなり、さらに打ち込むようになるという好循環が生まれる。教室に休まず通っていれば、友人ができるなど新たな人間関係も構築できる。

生徒たちを見ていると、熱心なのは男性が多い。男性は凝り性だからか、長年、こつこつ働いてきた習性なのか、新しく始めたことに「はまる」人が多いようだ。仕事に打ち込むのと同じくらいの真剣さで趣味に取り組んでいる。

一方、女性は、「風が吹いた」「雨が降った」と休みがちだ。趣味は無理せず、という姿勢なのだろう。趣味への取り組み方は人それぞれだが、その程度だからこそ「たかが趣味」になるのだ。

私もこれまでいくつかの習い事をしてきた。どれも真剣に取り組み、超一流の先生に習ってきた。

たとえばバレエ。60歳でケガをして残念ながらやめてしまったが、それまでは発表会にも出て、へとへとになるまで踊ってきた。いまも続けている同世代の友人は、家族亡き後、バレエだけが生きがいだという。

とかくお金のかからない趣味を高齢者に勧めるメディアや雑誌などもあるが、好きなものにある程度のお金がかかるのは当たり前である。趣味は本来、お金がかかるものだ。そのための蓄えや準備を早めにしておく必要がある。

自分のやりがいや生きがいを持ち、自分を完成させる。これができなければ、人と上手くいくはずもない。反対に、自分一人の人生が楽しければ、結婚していようとしていなかろうと、どちらでもよくなるはずだ。

不倫は本当の恋愛

一時期、マスコミが芸能人の不倫をこれでもかと報じた。いい加減、飽きられたのだろうか、一時期より減ったようだが、マスコミはもとより世間も騒ぎすぎである。

人の恋愛に口を出す権利など誰にもない。

そもそも、不倫こそ本当の恋愛、というのが私の持論だ。なぜかと言えば、不倫は大変危険を伴う、ハラハラするものだから。人に隠れなければならぬものであるから。それこそが恋愛であって、反対に白昼堂々、大っぴらに男女が手をつないで歩くのは、恋愛ではない。それはもはや日常である。

世阿弥が言うように「秘すれば花」であるならば、不倫こそが、その最たるものであろう。秘め事こそが、本物の恋愛なのである。

その証拠に、昔から不倫はあった。近松門左衛門は『曽根崎心中』を書き、井原西鶴は『好色五人女』を残した。封建的な江戸時代、不倫（不義密通）は大罪で、死罪だった。ということは、不倫は命がけの行為だった。

にもかかわらず、不倫はあった。人が人に恋をする気持ちは、妻がいても夫がいても止めようがなく、厄介なことに、人に知られてはいけないと思えば思うほど燃え上がる。障害や危険は、人間の気持ちを掻き立てるのだ。

だから不倫はなくならない。それでいいと私は思う。

「不倫を擁護するのか」と、正義感ぶる人は少なくないが、人を好きになってしまったという気持ちに忠実に生きるほうが、仮面をかぶっていやいや夫婦生活を続けるより、人としてはよほど正しいのではないか。結婚という国の制度に反することよりも、自分の気持ちに反するほうが、不誠実な生き方だと私は思う。

人間、一人の人間をずっと好きでいられるわけはない。

長い人生、何度も恋してよいではないか。不倫に縛られ身動きが取れない人より、自分の気持ちに忠実に恋をし、悩んでいる人のほうが魅力的だ。

かつて「不倫は文化である」という趣旨の発言をした石田純一さんは大いに批判さ

れた。しかし、ある意味、的を射ていたと思う。

『源氏物語』の時代から、文学は繰り返し不倫を描いてきた。男女が「幸せに結婚してそのまま暮らしました」という物語を、誰が読みたいだろうか。人間の苦悩や情念を描いてこそ文学であり、そういったものが表れる典型が不倫である。

だから人は不倫に良くも悪くも惹きつけられる。

そう考えると、不倫への強い反発には、嫉妬が含まれていると思う。本当は自分もしたいのに、世間の目が気になったり、勇気がなくてできない人が、あるいはしたくても相手がいなくてできない人が、不倫している人を執拗に叩くのだろう。

不倫が示す「女性差別」

日本では、不倫は仕事にも影響する。私は仕事とプライベートはまったく別だと考えるが、昔から、不倫が原因で組織のなかで左遷されるということはあったし、政治家や芸能人がスキャンダルによって人気や職を失うことがある。

しかし、長い目で見れば、そういった個人のプライベートは、仕事とは何の関係もないことがわかる。

たとえば現在、弁護士として活躍している菅野志桜里さん。議員だったときに週刊誌にある弁護士との仲を書き立てられ、離党した。

離党会見を見ていた私は、怒りに震えた。彼女のような有能な人材が失われることは、日本にとって大きな損失だからだ。当時、彼女にも、弁護士にも配偶者がいた。だがプライベートな事情は当事者同士で解決すればよいことである。なぜ他人が、仕事や社会的地位まで奪うのか。

タレントや政治家は公人でもあるから、プライベートを報道されても仕方のない面もある。しかし、仕事や経済力まで奪うことは許されないと思う。

配偶者がいなければ、自由恋愛となる。しかし結婚して配偶者がいれば、不倫となる。家族の有無と、誰かを好きになる気持ちはまったく関係のないものなのに、この国では結婚しているかどうかで、かくも評価が変わってくるのだ。日本で不倫がこれほど批判されるのは、個人よりも、結婚という家族制度が優先されていることの証であるとも思う。

たとえば個人主義の国、フランスでは、大統領が堂々と不倫をしている。

ミッテラン元大統領は、妻がいながら若い女性に恋をして、彼女に送った書簡集（『アンヌへの手紙』）がベストセラーになった。愛人の存在について記者に問われたとき、「Et alors?（エ・アロール、それがどうした?）」と応えている。

オランド元大統領の不倫スキャンダルが報じられたときも、国民の7割がそれは「個人的なこと」と応えている。公と私は分けられているのだ。

また、日本の不倫報道で気になるのは、不倫のバッシングが、おおむね男性よりも女性に向けられることだ。

タレントのベッキーさんのときも、俳優の東出昌大さんの報道のときも、男性側はほどなく仕事に復帰する一方で、女性はなかなか元の場所には戻れなかった。これは女性差別ではないか。恋にも差別があることに、私は大きな怒りを感じる。

週刊誌やメディア、それらを見た世間は不倫だと騒ぎ立てるが、男女のことは当事者にしかわからない。不倫がきっかけで離婚する夫婦もいれば、離婚しない夫婦もいる。離婚したところで、不倫が真の原因かどうかなど、他人にはわからない。壊れる家庭は、不倫があろうがなかろうが、いずれ壊れる。

「こういう理由で離婚することになった」と説明したところで、それが本音とは限らない。自分自身ですら、自分の本音がわかっていないことはよくある。

知人の編集者の知り合いに、夫が幾度も不倫をしても、離婚しない女性がいるという。子どもは成人しており、女性も働いているので一人で生活していける経済力はある。その上、夫は離婚を望んでいる。にもかかわらず、彼女は離婚を承諾しないのだという。

夫を愛してるから離婚をしないのか。成人しているとはいえ、子どものために家族を壊したくないのか。夫の不倫相手への当てつけか。いずれにしても理由を推測することはできても、本当のところは他人に知る由もない。

不倫が離婚につながるわけでは必ずしもないということだ。男と女は複雑だし、男もいろいろ、女もいろいろ。であればこそ、男女のことに他人が口を挟むなどという無粋なことは、するものではないのだ。

「すぐに別れるだろう」と思われて50年

私は秘密主義で、大切なことほど人に話さない。人に話すと、値打ちが下がるような気がするのだ。

相談して他人の意見を聞きたいという気持ちもない。どうでもいいことは相談するが、大事なことほど、一人で決める。責任を取ることができるのは、自分だけだからだ。

プライベートなことを一切話さないから、私とつれあいが一緒に暮らし始めたことを、誰も知らなかった。噂になったこともなければ、勘ぐられることもなかった。

一緒に暮らし始めたとき、私たちは仕事で世話になっている人や知人たちに、葉書を出した。式をしなかったので、せめて報《し》せ《ら》の葉書くらいは出そうと考えたのだ。

すると受け取った人に、「跳び上がるくらい驚いた」と言われた。飲み友達であることは知っていたが、まさか結婚するとは、と。そのくらい、思いがけない取り合わせだったのだろう。

どこで嗅ぎつけたのか知らないが、週刊誌の記者が記事にするために、私の相手がどんな人間かを聞きまわって取材していた。

するとつれあいを知る人は、口々に、のんべえの酔っ払いで、ヤクザ映画が好きで、どうしようもないやつだと、週刊誌記者に散々なことを喋ったらしい。

普通はこういうとき、たとえ褒めるところがなくても、お世辞で褒めるものなのに。あまりに予想外だったから、つれあいは憎まれ口ばかり叩かれたのだろうか。

このとき、つれあいの上司のプロデューサー、小田久栄門さんがこうした事情を知り、「お前ら、何でそんなことばかり言うんだ！」と、怒ったという。その結果、週刊誌に載る事態は避けることができた。

こうした一連の騒動を見ながら、天邪鬼の私は、それほどまでに周りを驚かせることができたのかと、おかしかった。

ことほどさように、他人の目は当てにならないのである。

週刊誌につれあいのことは載らなかったが、私たちは「どうせ、すぐに別れるだろう」と思われていた。いまなお一緒にいると知ったら、再び腰を抜かす人がいるかもしれない。

私たちのことはともかく、他人の結婚や離婚が必要以上に気になる人は、なぜそんなに気になるのかを、自分自身に問いかけてみてほしい。

その理由はおそらく騒動になっている人の側ではなく、自分自身のなかにあるはずだ。

結婚していても「ときめき」を

結婚していても、ときめく気持ちは大切である。

もちろん相手は異性でなくてもいい。同性でもいいし、最近は「推し活」といって、アイドルやアニメなどのキャラクターを含めて、自分のイチオシを応援する活動が流行っているようだ。対象が何であれ、ときめく気持ちは人をいきいきと輝かせる。

ときめきに年齢は関係ない。「年がいもなく」と眉をひそめる人もいるが、「年がい」などなくていい。

私は「歳だから」と思ったこともないし、世間が決める「年寄り」の枠に入る気もない。歳をとると体は不自由になる。しかし心は衰えない。気にすることが少なくなって、むしろ、のびのび自由になっていく。

最近は、高齢者施設でも恋愛が盛んなようだ。

少し前に「やすらぎの郷」というテレビドラマが話題になった。倉本聰さんの脚本で、石坂浩二、八千草薫、浅丘ルリ子、加賀まりこといった、私の年代に近い俳優が多数出演していて、高齢層を中心に人気を集めた。高級老人ホームのなかでの入居者同士の恋や、入居者とスタッフの恋など、恋愛をはじめとした人間模様の悲喜こもごもが描かれる。

現実でも、このドラマで描かれたようなことが起きている。生きている限り、人間が恋心を抱くのは自然なことであり、素晴らしいことである。

熟年離婚が増えている分、熟年結婚も増えていい。

高齢になると、遺産の問題が絡んでくるため、親の熟年結婚に子どもが反対するケースがあるという。しかし、自分のお金は、自分のために使って死ねばよい。子には子の人生がある。子どもも、親の遺産の心配をするよりも、歳をとってから一緒になりたいと思う人と出会った親の幸運を、温かく見守ってはどうか。

私にも、何度もちょっとときめく出会いがあった。

ただ私にとって、結婚は生活である。ときめいたからといって、その人と結婚したいとは思わなかった。そもそも誰とも結婚などしたくなかったのだから。身近な人であるつれあいを、あまり傷つけたくないという気持ちも正直ある。

ときめきや恋にもグラデーションがある。家族に影響を及ぼさない程度の仄《ほの》かなときめきから、現在の配偶者と別れて、新たに出会った人と結婚したいと望む場合まで。後者のときは存分に悩まなければいけない。どんな人間関係も簡単ではない。悩んだ上で、自分らしい結論を出してほしい。

とはいえ、深刻に考えすぎる必要はない。結婚も一つの人間関係にすぎないのだから、間違えたと思ったら、やり直せばいいのだ。


岡本かの子、瀬戸内寂聴　結婚や不倫を超えた人生

いま、私が憧れるのは岡本かの子の生き方である。

『老妓抄』などを書いた小説家であり、「芸術は爆発だ」で知られる岡本太郎の母であるかの子。21歳のとき、２つ年上の漫画家・岡本一平と結婚し、太郎を産んだ。

岡本かの子は夫である一平と暮らしながら、何人かの愛人を持った。そして驚くことに夫と愛人との同居生活を送っていたのである。

一平はかの子のことを愛していて、愛人を家に連れてくることを許した。愛人もまた、かの子の虜になった。

「西洋蝋燭のように美しい男」。かの子が愛人の一人だった医者を形容した言葉だ。一度聞いたら忘れられない、魅惑的な表現だ。

誰に何と言われようと、自身の情熱を貫くかの子は素晴らしいし、それを許容した一平さんも、もちろんただものではない。

夫と愛人との同居――こういうかたちであれば、結婚＝生活と、恋愛を両立させられるだろう。うらやましいが、なかなかできることではない。

一平さんは、かの子とその愛人との同居生活について、このように語っていた。


ぼくらは真剣な真実の生活をすればいいのだ。世間の道徳や、世間の批難など

問題じゃない。（『新装版　かの子撩乱』瀬戸内寂聴著　講談社文庫）

その通りだと思う。結婚も不倫も、社会や世間が決めた制度であり、枠組みである。そういったものに縛られるよりも、自分の気持ちに忠実に、自分勝手に生きるほうが、どれほど大切で、どれほど楽しいだろうか。

かの子の人生を『かの子撩乱』で描いた瀬戸内寂聴さんもまた、自分の情熱に忠実に生きた人だった。

不倫が忌避される世の中にもかかわらず、寂聴さんは多くの女性の支持を集めてきた。法話には数多くの人が集まり、本も売れた。秘書の瀬尾まなほさんが、寂聴さんの死後も、寂聴さんの言葉や思いを伝えている。

寂聴さんが、小田仁二郎、井上光晴と、妻子ある人ばかりを好きになったのは、決して偶然ではなかったと思う。男を独占しようという気持ちが露ほどもない寂聴さんにとって、それは必然だったのではないか。自分の愛情は１００％全力で相手に注ぐ。しかし、結婚しようとか、束縛しようなどという気はまるでない。結婚してくれなどと相手から言われたら、きっと寂聴さんのほうから去っていっただろう。それが寂聴さんの愛し方だった。

自分の仕事を持ち、自分に自信があればこそ、実現できた愛のかたちだったと思う。

結婚したほうがいいとか不倫はするなとか言われる世の中であっても、寂聴さんのように、社会の常識や要請から自由になり、まったく別の地平で生きている女性も男性もいる。

第4章

結婚と子ども

「異次元の少子化対策」への疑問

「異次元の少子化対策」が次々に打ち出されている。この4月には「こども家庭庁」が発足した。政府は少子化対策に躍起になっているが、なかには、首をひねりたくなるような案もある。

たとえば学生時代に奨学金を借りていた人が子どもを産んだら、奨学金の返済を減免するというもの。「金」と引き換えに子どもを産ませるのか、と批判が相次いだ。

国がどのような対策を取ろうとも、子どもを持つかどうかは「個人の選択」である、という大前提がある。憲法に保障されている通り、自分が選んだ生き方に責任を持っていればよい。

にもかかわらず、少子化が進むいま、国を挙げて「産めよ、増やせよ」へ逆戻りしつつあるような気味悪さを感じる。

言うまでもなく、子どもを持ちたい人を支援する取り組みは必要である。不妊治療、保育園の充実、児童手当などの拡充、女性が働きやすい環境の整備など、政府がやるべきことは多い。

また、〝イクメン〟という言葉が広がるなど、男性の育児参加が増えているとはいうが、第1章で述べた通り、日本で家事労働などの無償労働を担っているのは圧倒的に女性だ（OECD調査、2020年）。男性の価値観や働き方が変わらない限り、女性の育児負担は減らず、子どもを持とうと考える女性も増えないだろう。

一方で、国や世間が「圧力」をかけるような方向に再び進んだらどうなるだろうか。産めよ、増やせよと国が号令をかけた戦前・戦中の日本がしたことを思い出せばよい。あるいは中国。共産党政権が成立後は、たくさん産むことが奨励され、避妊や中絶が禁止された。しかし人口が増えすぎると一転、厳しい「一人っ子政策」が敷かれるようになる。そして近年では少子化が進んだことで、一人っ子政策の緩和が打ち出されたが、国が望むような出生率の上昇にはつながっていないという。国の政策に翻弄される中国の人々は、はたして幸せなのだろうか。

日本にも女は子どもを産むもの、という刷り込みがいまだにある。そして、国のために女に子どもを産んでもらわないと、と考える人たちがいる。

子どもがいて一人前、子どもがいると幸せな家族になる、という人もいる。家族制度の悪《あ》しき残滓《ざんし》である。

個人の前に家族、個人の前に国があると発想するからこうした考えになる。反対である。個人があって家族があり、個人が集まって国になる。まずは個々人が、自分の生き方に責任と自信を持つことが何より大切なのだ。

自分が選び取った人生を送っていればこそ、他人の人生を尊重することができる。

私は子どもを作らない選択をした。後悔したことは一度もない。

子どものいない女性のほうが幸福度が高い現実

子どもがいない人にはさまざまな理由がある。ゆえに「子どもがいない人」を十把《じっぱ》一絡《ひとから》げに語ることはできない。私の場合は、身体的理由でも、環境的理由でもなく、自分の希望で子どもを持たなかった。

「子どもがいなくて淋しいでしょう」

と言われても、最初からいないものに、そうした感情は湧かない。愛情を注いだものがいなくなったときの淋しさはよくわかる。愛猫を亡くしたときは、一年間、まるで影のようだと友人に言われていた。

「子どもがいたら、もっと素敵になったのに」

と、キャスターをしていたころに、男性ディレクターによく言われたが、余計なお世話である。皆、同じ価値観でないと気が済まない人がいるのだ。

子どもがいない人が増えてきて、こうした不躾《ぶしつけ》な物言いは減ってきた。

子どもがいれば淋しくないのか、子どもがいれば素敵なのか、と言えば、決してそんなことはない。日本では、子どもの「いる」女性より、「いない」女性のほうが「幸福度が高い」というデータがある（「子どものいる女性のほうが、幸福度が低い」少子化が加速するシンプルな理由／PRESIDENT Online／佐藤一磨、拓殖大学政経学部准教授）。

この記事は、子どもを持つこと自体は女性の幸福度を高めるが、「子どもを持つことに伴うさまざまな変化が女性の幸福度を低下させる」と分析している。子育てにかかる金銭、子どもを持つことによる夫婦関係の変化、女性への家事・育児負担の高さなどが、女性の幸福度を下げているというのだ。また、子どもを持つことによって夫婦関係の満足度も低下するのだという。

少し前に『母親になって後悔してる』（オルナ・ドーナト著、鹿田昌美訳）という世界的ベストセラーが、日本でも反響を呼んだ。〈子どもを愛している。それでも母でない人生を想う〉と、本の帯に書かれている。息子を心から愛している知人は、その気持ちと何ら矛盾することなく、ずっとお母さんをやめたかった、と語った。お母さんでいることは、あまりにも大変で多くのことが求められ、あまりにも自分の人生を生きられないからだと。

こうして見てくると、子どもを持ちたくないと考える女性が増えているのは、ごく自然なことだと感じられる。

昔もいまも女性にとって、「子どもがいれば幸せ」ではない。自分はどうしたいのか、を自分に問い、自分で選択しなければならない。そして子どもを持ちたい人も、持ちたくない人も、生きやすい社会でなければならない。

ちなみに、先に紹介した著者（佐藤一磨、拓殖大学政経学部准教授）は別の記事で、「配偶状態別の幸福度の平均値」を紹介していた。それによると、幸福度の平均値は、既婚女性→既婚男性→独身女性→独身男性の順に下がっていくのだという（独身男性の幸福度は生涯にわたって低迷…不安定な経済力は結婚以前の段階からハンデになるという現実／PRESIDENT Online）。つまり、最も幸福度が高いのは既婚女性で、最も幸福度が低いのは独身男性なのだ。男女ともに、結婚したほうが幸福度が高くなるという。

あくまで平均値なので、結婚しても幸福でない人はいる。だがこのデータを見ると、「結婚＝幸せ」の図式は現在も有効だということだろう。私自身は疑問を呈したくなるが、結婚は多くの人を幸せにすると思われているらしい。

だからこそ、結婚に多くの人がこだわるのだろう。そして、そういう現実があるから、私はこの本を書いているわけでもある。

子どもを持たなかった理由

私が子どもを持たなかったのは「自分の希望」だったと述べた。

とはいえ環境的要因がゼロだったとは言えない。私が仕事を始めたのは１９５９年で、男女雇用機会均等法が施行されるのは1986年である。それまで、女性が子どもを持つことは基本的に、キャリアの中断を意味した。

ただ、環境的要因以上に、個人的な理由が大きかった。大きく二つあって、一つには、人間の生というものへの疑問が子どものころからあったのだ。

第1章でも述べたが、小学生のとき結核を発症した私は、2年間、学校に行くこともできず、疎開先のホテルの一室に隔離され、寝ているよりほかない生活を送っていた。毎日微熱が続いているような状態だった。ちょうど戦時中で、我が家は縁故をたどって奈良県に疎開していた。

敗戦後、通っていた大阪の小学校に戻ったら、結核は治ってしまった。その後も体育の時間は見学をしていたことを考えると体は弱いほうだったが、仕事を始めてからは、病気で休んだことはない。

つまり体が弱かったから子どもを産まなかったわけではないのだ。

結核で一人だったころ、〝生れ出づる悩み〟を考え続けていたことが、私の人生に大きな影を落とした。

画家を目指していた父の本棚には画集のみならず、芥川龍之介や太宰治などの文学全集が並んでいた。それらを一冊ずつ手に取り、丹念に眺めるのが私の日課だった。小学生に内容が理解できたとは思えない。だが、繰り返し字を追っているうちに、生の秘密を文学のなかに嗅ぎ取ったようだ。もともと持っていた私の感受性が、呼び起こされたと言えるかもしれない。感じやすい年齢ということもあっただろう。

なぜ人は生まれてくるのだろう。

人は自分の意志で生まれてくるのではない。親の意志はあっても、そこに私の意志が存在しないことに、私は疑問と抵抗を感じた。

自分の意志ではないこの生に、喜びよりも不思議さを、感謝よりも不気味さを感じるようになったのだ。

戦争が終わると、軍人だった父は公職追放になり、民間の仕事は何をやってもうまくいかなかった。兄と父は折り合いが悪く、危険を察知した母が、兄を東京の祖父母のもとに預けた。傍《はた》から見たら私は、結核も治り、元気に学校に通っている子どもに映っただろう。しかし、そうした家族環境のなかで、「なぜ私は生まれてきたのだろうか」という悩みを深めていった。

思い返せば、私は逆子で生まれた。首に幾重にもへその緒を巻きつけていて、危なかったそうだ。大袈裟かもしれないが、誕生の仕方自体が、私のペシミスティックに傾きがちな性質を予言していたようにも感じる。

この世に生を享《う》けたことを無条件で喜べないし、感謝できない。

その私が、生の連鎖をつないでいいものだろうか。

「考えすぎないで、産んでしまえば大丈夫よ。案ずるより産むが易しよ」

私の悩みに友人たちは笑ったが、私は自分が納得しないと動けない人間だ。自分の生に納得していないのに、新たな生を作ることに納得できなかった。これが私が子どもを持たなかった理由の一つである。

母のようになりたくなかった

子どもを持たなかったもう一つの理由は、母の存在にある。

私の母は〝暁子命〟だった。女の子が欲しいと強く望んで私を産んだゆえに、私のためだけに生きているような人だった。私はそうなりたくはない。けれど、愛するものを持ったとき、同じようになってしまうかもしれない……。そうした恐れが、子どもは持たないと私に決断させた。

母には母の人生を生きてほしかった。

「あなたの生き方は間違っている」

「私にかまってるヒマがあるなら、自分の好きな道を進んで」

生意気にも、何度そう母に言ったことか。それができる人でもあったと思う。度胸もよかったし、文学を愛し、社交的で、センスもよかった。家に遊びにくる私の友人や仕事仲間に振る舞う手料理は評判だったし、着物のセンスは抜群で、呉服屋がコンサルタントになってほしいと頼みにきたほどだ。

しかし、女は結婚して子どもを産み育て、夫を支える。そうした時代の常識や価値観の外に出ることができない人だった。

母は新潟の雪深い里の地主の家に生まれ、同じく新潟の、県で一、二を争う地主の家の一人息子に望まれて結婚した。結婚式は八日八晩続き、母は毎日、新しい打ち掛けを着たという。それらはすべて私の振袖になり、いまも3枚くらい持っている。

結婚後はお堀のあるような邸宅に暮らしたが、1年もしないうちに相手が結核になり、7年間の看病の末、亡くなってしまう。若くして未亡人でいるのはあまりに気の毒だと、母は実家に帰ることになった。

その後、見合い話が持ち込まれて再婚したのが、私の父である。父もまた再婚で、兄は父の連れ子だった。

兄にとって母は産みの親ではなかったが、大学進学のために戸籍を取りにいくまで、そのことに兄は気づかなかったという。そのくらい、母は二人の子に平等な愛情を注いだ。

とはいえ、私への愛は異常と感じるほどだった。

母は自分の人生を生きることをしなかった。あの時代でも、覚悟さえあればそうできたのに。その代わり、自分の夢を、娘である私に託そうとしたのだろう。私のために尽くすことが生きがいで、それが私のためと信じて疑わなかった。

子どものころは母の期待に応えていた私も、中学、高校と成長するにつれ、反抗的になっていった。高校では皆と同じ制服を着るのがいやで、一人だけデザインを変えた。

自分で働いて食べていくと決めて仕事を続け、結婚相手も、母が望むような相手ではなかった。自分が豪華な結婚式をした母は、私にも煌《きら》びやかな式を望んだだろうが、まっぴらごめんだった。

自分の期待から外れていく娘に、母は次第に何も言わなくなっていった。気づいたのだろう。そしてあきらめたのだろう。私に期待しても期待外れ。自分の子どもも、別の個であることに。他の個に対する期待は、重荷にしかならないことに。

私は母のようになりたくはない。けれど、ならない保証はない。そうなったら子どもにも迷惑をかけるだろう。だから私は子どもを持たなかった。

『家族という病』が思いがけずベストセラーになったことで、家族についてさまざまな人と対談をしたし、また、読者から感想をいただく機会を得た。多くの女性が母親との関係に悩み、苦しんでいることを知った。世の中に、いわゆる毒親がこんなに多いのかと驚いた。支配欲の強い母親に育てられ、逆らわずに猫をかぶって生きてきたが、爆発してついに絶縁したという女性もいた。

人は誰しも親を選んで生まれてくることはできない。にもかかわらず、家庭環境は、その人の人格形成に大きな影響を与える。子どもを持つかどうか、という大きな選択にも、なにがしかの影響を与えるに違いない。つまり子どもを持たない選択もまた、十人十色なのだ。

知人の編集者は、親を見ていると子育てが楽しそうだと感じ、自分もしてみたいと思ったそうだ。「ありふれた家族ですよ」と言うが、ありふれた家族とは「普通の家族」と同意であり、世の中の言葉を使えば、幸せということになるのだろう。しかし、そんな恵まれた人ばかりではない。

父への後悔

私の父もまた、家の事情に翻弄された人生だった。

芸術家肌の父は絵描きになりたかったのに、軍人一家の長男だったゆえに許されず、幼年学校、士官学校というコースを歩まざるを得なかった。それでも絵をあきらめられず、学校を抜け出しては、絵画教室に通ったりしていたらしい。父の友達は、そういう場所で出会った絵描きばかりだった。

しかし、学校をさぼったことが発覚すると、もう二度としないと反省の弁を述べるまで、廊下に水を入れた洗面器を頭にのせて立たされ続けたという。

戦争中、無名の画家の絵をよく買っていた。学費を貸してあげたりもしていたようだ。父なりの支援だったのだろう。

戦後、父が公職追放にあい、我が家の家計が苦しかった時期、私の面倒を見てくれたのは、父が支援していた絵描きさんたちだった。恩返しをしてくれたのだと思う。

父の死後、アトリエから父の描いた絵が大量に見つかった。描きかけの母の絵をはじめ、さまざまなデッサンのなかには春画もあった。多分お金になったからだと思う。冷静に見て、父には絵の才能があったと思う。何より絵を心から愛していた。

父の遺作を春画など処分しようと思ったものの、２、３枚、手元に残しておくことにした。父の形見として。

生前、気性が激しく、兄と取っ組み合いの喧嘩ばかりしていた父に対し、私は反抗に明け暮れていた。口を利くのも嫌で、避け続けていた。

しかし、いまになって思う。父をパリに連れていってやればよかったと。ルーブル、オルセー、オランジェリー、ポンピドゥー……パリにはたくさんの美術館がある。思う存分、芸術に遊ばせてやりたかったし、絵を描かせてあげたかった。

と言っても、亡くなったいまだから、穏やかな気持ちでそう思えるのかもしれない。二人で旅をするなど、考えられなかったのだ、あのころは。

いずれにしても、父や母は、家を継ぐために結婚をした。昔は個人の選択の余地が、なかったとは言わないが、ほとんどなかった。そうした時代に生きて死んでいった両親を、私は反面教師にして生きてきた。

だが、二人の死後、私は家族のことを何も知らなかったことに気づかされる。遺品を整理していたら、父に宛てた母の手紙が見つかったのだ。１００通近くもあった。

それらは父と母が結婚前、遠距離で付き合っていたころにやりとりしていた手紙だった。几帳面だった父も同数の母宛ての手紙を書いたと思うのだが、母は残しておかなかったのだろう。一方、律儀な父は母の手紙を整理して保管していた。

それを読んで、私は見知らぬ一人の女性と、その女性の手紙を通して見知らぬ一人の男性に初めて出会った。かくも情熱的な人たちだったのかと圧倒された。人は一番親しい人のことを何も知らない。

家族だから、配偶者だからと、相手のことをわかった気になってはいないか。夫や妻、子どもという「役割」ではなく、一人の「個」として相対しているか。私のように死後になって気づくのではなく、できれば生きているうちに、まだ知らぬその人の素顔に出会ってほしい。

いま、何も知らないということは、これから発見するチャンスが残されているとも言える。

子どもは社会からの預かりもの

「毒親」という言葉が広く認知されるようになった。過干渉や暴言・暴力などで子どもを支配する「毒になる親」のことを指す。

昔からそういった存在自体はあったのだと思う。名づけられることで可視化され、問題が浮き彫りになってきた。

子どもの虐待など、親子間での不幸な事件が後を絶たない。日本で起きる殺人事件のうち、被疑者と被害者の関係で最も多いのが「親族」で、半数以上を占めている（2020年 警察白書）。戦後、殺人事件は減少傾向にあるが、親族間の事件は減っておらず、事件に締める割合は高まっているのだ。

家族だからといって、自分の思い通りにいかないことは当然ある。一人ひとりは「個」であり、自分とは別の存在なのだ。

しかし、なかには、自分の子どもを自分の分身のように考えてしまう母親がいる。自分の夢を託したり、過度な期待をしたり、思う通りの人生を歩ませようとする。

数年前、滋賀県で、娘が母親を殺害し、バラバラにするという事件が起きた。衝撃的だったのは、母と娘の関係である。母と娘は長年、二人暮らしで、母親は娘を国立の医学部に行かせるために9年もの間、浪人生活を送らせていた。支配関係に置かれることで、娘は逃げることもできず、その状況に耐えかねて、娘は母親を殺害したのだった。母親による教育虐待の恐るべき実態は『母という呪縛 娘という牢獄』（齊藤彩著）に詳しい。

極端な例かもしれないが、この事件に至る芽を内包している家族は多いのではないか。

背景には「自分の子」を重視しすぎる社会、「血のつながり」を重視しすぎる社会があると思う。

子どもは自分の子であると同時に、「社会の子」であると私は考える。

人間の子どもは一人で生きることができない。大人が慈しみ、躾け、叱り、愛情と時間と手間暇をかけて育てることで一人前になっていく。そうやって一人前になった子を、育てた大人は社会にお返ししてはどうか。自分が産んだ子であっても、子どもは社会からの預かりものとして、独り立ちしたら社会にお返しするという考えがあってもよいと思うのだ。

子を育てる大人は、血のつながっている親でなくてもいい。血のつながりも大事だが、それ以上に大切なのは「心のつながり」だと思う。話題になった映画『万引き家族』が描いたのは、血のつながった家族に捨てられた子どもたちが、心のつながりによって新しい家族を得る物語だった。

血がつながっていてもいなくても、縁ある命を育て、社会に返す。そうした発想が広がっていってほしいと願っている。そのためには、日本では少ない里親や養子縁組などの制度を改善していくことも必要だろう。

当然、一人ひとりの価値観を変えていく必要もある。自分の子がよければそれでいい社会は、結局のところ、自分の子も幸せになることが難しい社会になっていく。子どもは社会の子と考えれば、肉親や家族の呪縛からも自由になるだろうし、個を尊重する社会にもつながっていく。

婚外子50%のフランス、2%の日本の違い

少子化を何とかしなければいけないと政治家は躍起になっている。さまざまな対策を打ち出す一方で、議論に挙がらないのが婚外子（非嫡出子）の問題だ。婚外子とは、婚姻関係にない男女の間に生まれた子のことだ。

日本で「子ども」という場合、そのほとんどは、法律で認められた結婚のもとに生

まれた子どもを想定している。だが結婚しなくても子どもはできるし、育てることもできる。そう望む人だっている。それなのに日本では、結婚→出産という順番とセットがいまだ当然のようになっているのだ。

世界を見れば、これは特殊であることがわかる。フランスやデンマーク、スウェーデンなど、ヨーロッパの多くの国では婚外子が５割を超えている。興味深いことに、出生率が高い国は婚外子の割合も高いのだ。

事実婚や同性婚、シングルマザーなど、さまざまな家族の在り方を認め、保障する社会のほうが、子どもを産みやすい社会、あるいは産みたくなる社会だということだ。こうした国では、子どもに関する手当や保育サービスは家族形態と関係なく受けられるという（「まず結婚」が招く少子化　北欧は婚外子５割、支援平等、日本経済新聞、２０２２年11月21日）。

一方、日本は少子化が問題だと言いながら、家族の多様性をなかなか認めようとしない。そのため、日本の婚外子の割合は２％程度である。

家族の在り方にかかわらず子どもを産んだり育てたりできる社会のほうが、結婚→

出産を強いる社会よりも、生きやすい社会ではないか。結婚や家族制度を守ろうとする人たちは、いったい何を守ろうとしているのか。

さまざまなことが行き詰まっているいま、日本の結婚や家族制度を一度解体すべきだと考える。それが多様な社会、ひいては少子化対策にもつながることを、各国の事例が示している。

結婚はしたくないけれど、子どもが欲しいと望む女性は私の周りにもいる。しかし、世間の目や制度的に不利なことを考えて、思い留《とど》まっている人もいる。こうした女性たちが憂慮なく子どもを産める社会にするべきだ。

なかには軽やかに、世間の常識や社会の仕組みを飛び越えていく人もいる。

たとえば桐島洋子さん。私と同世代の桐島さんは、恋をしても結婚せず、アメリカにわたって3人の子どもを産み、自分の仕事も立派にやり遂げていた。

『聡明な女は料理がうまい』がベストセラーになっていたころ、彼女の日本のマンションにインタビューに行ったことがある。私が感心したのは、桐島さんが、多忙ななかにも遊びや心のゆとりを持っていたことだ。仕事のために自分のプライベートを犠牲にするのでもなく、仕事のために周りと闘うのでもなく、何より自分自身が楽しく、のびのびと自由に生きていた。それがカッコよかった。

桐島さんはインタビューで、子どもを連れてホテルのプールに行き、子どもたちを遊ばせておいて、その間に自分は仕事をしていると話していた。夕方になると引き上げて皆で賑やかに自宅に帰るというのだ。

お見事！　と思った。そして真似できないとも。

私は私一人の面倒を見て、自分の自己表現をして生きていく道を選んだ。

養子を迎えるという新しい家族のかたち

自分の子どもを持たなかったが、私は子どもが大好きである。子どもと遊んだり、観察していると楽しくて飽きない。

私が夏を過ごす軽井沢の山荘には、友人や仕事で付き合いのある編集者たちがやってくる。子どもがいる人はたいがい子どもを連れてやってくる。

子どもは正直だ。私の顔を見て泣き出す子もいれば、興味深そうにじっと見つめる子もいるし、ニコニコ笑いかけてくれる子もいる。どの子も面白い。

東京で生活しているとなかなかお目にかかれないトカゲや蛇に出くわして怖がる子もいれば、歓喜する子もいる。私は椅子が好きで、我が家にはさまざまな椅子がある。家に入るなり、自分の椅子を決めてドカッと腰を下ろす子がいる。子どもは自分のお気に入りを決めたがるものだ。母親は私に気を遣って注意するが、私にはその様が愛くるしい。大人の顔色をうかがうような子どもではなく、子どもらしい子どもに成長してほしいと思う。

私が子どもが好きなのは、自分自身の子ども時代をよく覚えていて、そのころの自分を愛しているからかもしれない。子どもと遊んでいると、そのころの感覚を思い出させてくれるのだ。

自分の子どもがいないから、気楽で無責任なことが言えるのだと言う人がいるが、まったくもってその通りである。親子という関係で子どもと付き合いたくないから、私は無責任なほうを選んだ。

最近は歳をとってから、気心の知れた人を養子や養女に迎えるという生き方も出てきた。

晩年、独身だった高倉健さん、あるいは画家の岡本太郎さんが養女を迎えたのは、死後のことを考えてのことだろう。

高峰秀子・松山善三夫妻も、信頼する編集者（斎藤明美さん）を養女としていた。斎藤さんの著作によって、高峰秀子さんの生き方が後世に伝わることにもなった。

子どものいない私とつれあいにとっても、そうした生き方は一つの選択肢だと思っている。

昔の日本では養子縁組は珍しいものではなかった。家は継がねばならないものだったから、子どもに恵まれない夫婦に、親戚などが自分の子を養子に出すことがあった。

時代によって家族のかたちは変わっていくものである。いまの時代にふさわしい、養子の在り方を模索していくときだ。高齢になってからだけでなく、若いときに養子を迎えて子育てをする家族の在り方を含め、考えていく必要があると思っている。

第5章

私の矜持

1日15分、「一人の時間」を持とう

高齢女性の「一人暮らし」本がブームだという。

『87歳、古い団地で愉しむ　ひとりの暮らし』（多良美智子著）に『89歳、ひとり暮らし。お金がなくても幸せな日々の作り方』（大崎博子著）、『102歳、一人暮らし。哲代おばあちゃんの心も体もさびない生き方』（石井哲代、中国新聞社著）など、書店には、元気に一人暮らしをしている方々の本がずらりと並ぶ。

これらの本の著者たちは、配偶者に先立たれて一人暮らしをしている人もいれば、離婚して一人暮らしをしている人、子どもや孫はいるが自分の希望で別々に暮らしている人など、家族関係や背景はさまざまだ。ただ、一人暮らしをしている点が共通している。

結婚していてもしていなくても、子どもがいてもいなくても、最後は一人暮らしになる人は多い。明るく元気に一人暮らしをしている人の生活ぶりや人生哲学から、何かしらヒントを得たいと思う人が多いのだろう。

私はいまのところ二人暮らしだが、もともと孤独を好む上に、すでに述べたように

家庭内別居をしている状態なので、一人の時間が多い。

「一人の時間」を持つことは、家族と生活をする人にとっても大切である。一人の時間を持つことで自分を見つめ直し、自分について考えることができる。

といっても、子どもがいる、仕事がある、介護が必要な家族がいるなど、人それぞれ事情はあるだろう。そういう人には、一日15分だけでも「一人の時間」を持つことを勧めたい。この時間はテレビを消して、本も開かず、家事もしてはいけない。自分と向き合う一人の時間が、自分を掘り、自分の個を育てることになるのだから。

将来の一人暮らしに備えるならば、単独行動に慣れること、そして一人でできる趣味を見つけておくのがよいだろう。

私は若いころから単独行動ばかりだ。買い物は基本的に一人で行き、つれあいの服を買っておく、などということはしない。夫や子どものものを買う女性は多いが、小さい子どもの間はともかく、自分のものは自分で選ぶのがいい。それが自分勝手に生きるということだ。

最近の若者は性別問わず、おひとりさまを好むようだが、中高年の女性は慣れていないからか、〝つるむ〟のが好きだ。デパートに家族と行き、喫茶店で友人とお喋りするのが日課になっている人も多い。

「一人で映画館に行けない」

「一人でレストランに入れない」

という人はいるが、それはやったことがないから不安に感じるだけで、少し勇気を出してやってみると、その心地よさに気づくだろう。そもそも周囲は、あなたが一人かどうかなど、気にしていない。気にしているのはあなただけだ。

一人で行動できるようになると、行動範囲が広がるし、これまで気づかなかった景色に気づくようになる。面倒な人間関係や、無理して付き合っていた友人を断ち切ることもできる。

一人を楽しむことができれば、配偶者の存在など、それほど気にならなくなっていく。それでいいと思う。

高齢者施設に我慢ならないこと

自分で自分を楽しませる。配偶者がいようがいまいが、これが生きていく基本だと私は思っている。

そのためには一人遊びに慣れること。一人でできる趣味を持つことも大切である。趣味に良し悪しはないが、一人で楽しめるものは、他人に左右されず、一生楽しめる。たとえば絵を描く、文章を書く、歌を歌うなどの趣味は、思う存分、自分勝手の境地に遊ぶことができる。

一人遊びが好きな私にとって、我慢ならないのは、皆で一緒に何かをさせようとする光景だ。テレビなどで見る高齢者施設の娯楽風景のことである。

何十人もの入居者が集められて、同じ遊戯をさせられたり、折り紙や習字などをさせられている。一人ひとりの趣味・趣向は違うはずなのに、施設にとっては集団行動させるのが効率的なのだろう。安全面からも利点があるのだろう。

だが、老人だからというだけで、つまり年齢という条件によって、誰もかれもが一《ひと》括《くく》りにされることに、私は耐えられない。仮に認知症になっていても、人間は個として尊重されるべきである。それができないのは、個々の施設やスタッフの問題というより、日本のありようの問題のように感じられる。

高齢者が生きにくい世の中になりつつあることに怒りを感じ、以前『老人をなめるな』という本を書いた。いまは若い人が少ないからと若い人ばかりを大切にし、高齢者を蔑《ないがし》ろにする社会は世代間の分断を加速させ、結局のところ、若い人も生きづらくなる。

そもそも私は年齢は自分で決めるものだと思っている。

加齢による肉体的変化は受け入れなければならない。だからといって、70代や80代が年寄りと誰が決めたのか。外部が決める物理的な年齢に囚《とら》われて、自分で自分を年寄りにしてしまってはいけない。年齢で自分の可能性を狭めてはいけないのだ。

いずれにしろ、高齢者施設に入っても入らなくても、死ぬまで一人で楽しめる何かを持っていたほうがいい。そのためにはいくつになっても新しいことを始めようという好奇心を持ち、感性を磨き続けたい。どんな状況でも自分で自分を楽しませられる人は強いのだから。

自分で自分を喜ばせるヒント

「自分で自分を楽しませる」が基本の私には、人に楽しませてもらうという発想がない。だからこそ、スポーツ選手がインタビューで「感動を与えたい」などと発言していると、おやっと思う。

感動は人に与えられるものではなく、自分が自然に感じるものだ。自分の内側から湧き上がってくる感情を、他人がコントロールすることはできないし、してほしくもない。「感動を与えたい」という表現には、厚かましさを感じてしまう。

選手は自分のためにプレーをしてほしい。自分が楽しむため、自分が勝つために必死に戦う姿に、見る者は勝手に感動するのだ。

しかし世の中には、「感動を与えてくれてありがとう！」と感謝している人も少なくない。これは危ういことだ。スポーツ選手のような選ばれし人が感動を与え、一般の人々がそれをありがたく受け取る、という関係性は危うい。

たかがスポーツではない。与える—与えられるの関係性に慣れると、大衆は誰かにコントロールされることに疑問を覚えず、受け身になっていく。国のリーダーたちに対しても、「安心させてもらおう、指示を出してもらおう」という姿勢になっていく。その先に明るい未来があるはずがない。

自分で自分を感動させ、自分で自分を楽しませる。意思も感情も、自分から出てくるものだと心得ておきたい。

誰かに楽しませてもらおうなどと考えていると、自分を失《な》くしていく上に、そうならなかったときに他人に対して不平や不満が出る。家族や配偶者にイライラする。誰も楽しませてくれないし、感動もさせてくれない。守ってもくれないし、安心もさせてくれない。だからこそ人は自分勝手に生きるしかないのだし、それが自分のためになるのだ。

手始めに、毎日着る服で自分を喜ばせてみたらどうか。

日本には「よそ行き」という言葉があり、普段着より、よそ行きのほうが大事だという風潮がある。だが私は反対で、普段着こそ大事だと思っている。普段の積み重ねがその人を作り上げていくからだ。

とはいえ大袈裟に考える必要はない。いま持っている服に、一つブローチをつけるだけでもスカーフを巻くだけでも気分が変わる。私は人があまり持っていない、ちょっと珍しいブローチが好きだ。子どもの手のひらほどの大きさのものや、蝉や蝶など昆虫のモチーフ、アルマーニの蜘蛛のモチーフのものなど、気に入ったものを集めている。

街ですれ違った人に「あら、ブローチ素敵ですね」と、声をかけられることがある。自分が好きで楽しんでいるものが、たまたま誰かに伝わるくらいがちょうどいい。

服装は自己表現。普段着こそ重要。私はそうした考えを昔から持っていた。

前述したが、高校時代、通っている学校の背広型の制服がダサくて気に入らなかった私は、自分でデザインして作ったセーラ服型の制服を着て学校に通っていた。先生に注意はされたが、卒業までそれで通した。

当時の教師は、異端の芽を摘まなかった。異端から、他にはない個性が育ってくることを知っていた。

翻っていまはどうだろう。今年の3月、髪型が校則違反だからと、学生を卒業式に出席させなかった高校の対応が問題になった。この国のさまざまな局面で、同調圧力が強まっているように感じる。その結果、個の力が弱まっているのではないか。

W杯になくてWBCにあったものは「個」の力

個性とは人と違うことを言う。

いつの時代も強烈な「個」こそが、世の中を変えてきた。組織を変え、国を変え、大きなものを変えていくのは「個」である。

それはスポーツを見ていてもよくわかる。

昨年のサッカーワールドカップ決勝では、メッシ（アルゼンチン）とエムバペ（フランス）という二人の強い個が輝きを放ち、チームを勝利に導いた。サッカーはチームスポーツだが、同時に個の力が必要とされる。ある程度まで勝ち進むことはできても、圧倒的な個のいない国が優勝することはない。日本はチームとしては強くなったが、個の力がまだ足りないと感じた。

その点、今年のＷＢＣで日本が優勝したのは、チームワークもさることながら、個の力が強かったからではないか。二刀流の大谷翔平や経験豊かなダルビッシュなど、個の力がチームを牽引し、勝利を手繰《たぐ》り寄せたと思う。

もちろん、「個」によって、必ずしもいい方向に変わるとは限らない。ヒトラーなどの独裁者の歴史がそれを示している。それでも何かを変えるのは、良くも悪くも、「個」なのだ。

戦後、焼け野原から歯を食いしばって立ち上がった人々には強い「個」の力があった。私の知る世代でいえば、大島渚、永六輔、小沢昭一、大橋巨泉、田中角栄……個として立たねば生きられない時代には、政治、経済、芸能とあらゆる世界に、きらめくような個が出た。マスコミにも変人が多かった。そういう変わり者が、時代を画する仕事をした。

いまの若者は〝コミュ力〟を重視するという。他人と仲良くやっていけるコミュニケーション能力が求められるというのだ。

個があった上でのコミュ力ならよいが、人と上手くやることばかりに心を砕いて個を失ってしまったら元も子もない。

男女格差を嘆きながら、「主人」と言う女性の矛盾

普段着がその人を作るように、日常の言葉がその人を作る、と私は考えている。自分の個を守るためには、そのための言葉を獲得しなければならない。

改めて言うまでもないが、この本でも日常でも、私は配偶者のことを「つれあい」と呼んでいる。「気取ってそう呼んでいる」と勘違いされることもあるが、そんな理由ではない。日常使う言葉こそが、その人を作ると考えているからだ。

いまも「主人」を使う女性は多い。使っている本人にそのつもりはなくても、相手のことを「主人」と言っていると、知らずしらずのうちに、相手が自分の「主」になっていく。女が男に従属する関係性になっていく。言霊《ことだま》というように、言葉には大きな力があるのだ。

まして毎日使う言葉である。日常的に使っているうちに、人は言葉を身にまとうようになっていく。

だから私は、わざわざ「つれあい」と言い続けている。

適当な言葉がないから便宜上「主人」と言っているだけで、特別な意図を込めていません、という女性がいた。ならば、なぜ自分で考えないのか。ポピュラーなのは「夫」だろうが、「パートナー」でもよいし、名前やニックネームで呼ぶのもよいだろう。

男性が「嫁」というのもいただけない。照れながら「嫁」や「家内」という男性に対しては、それほど嫌な気持ちにはならないが、「家」という漢字のつく言葉に抵抗がある。

昔からそうだから、皆がそう言うから、と、考えなしに流されて言葉を使っているうちに、女性たちが自分の個を失くしていくことに気づいてほしい。身近なところから意識して変えていかなければ、この国の男女関係は変わらない。

世界経済フォーラム（World Economic Forum）が、男女格差を測るジェンダー・ギャップ指数を発表している。２０２２年の数字を見ると、日本は１４６か国中、１１６位だった。これは先進国のなかで最低レベル、アジア諸国のなかでも韓国や中国、ＡＳＥＡＮ諸国より低い結果である。

この結果を嘆き、社会を批判しながら、女性が「主人」と言っていてはいけない。社会を変えるためには、まず自分が変わるところから始めるよりほかないのだから。

若い友人、若い恋人を探す楽しみ

個を大切にすることと、他人に感謝することは、何ら矛盾することではない。

自分にしか興味がなく生きてきた私であるが、年齢を重ねるごとに、さまざまな場面で人に支えられ、助けられてきたと痛感するようになっている。感謝の気持ちを持ちつつ、自分のできることでお返ししたいと思う。友人知人に限らず、知ってる人にも知らない人にもだ。

最近、とくにありがたいと思うのは、若い友人の存在である。

付き合いのある編集者たちは30代、40代の働き盛りが多い。仕事の話をしているときに年齢を意識することはないが、最近の出来事や政治、芸能の話題となると、世代の違いが露《あら》わになる。それが楽しい。

SNSやインターネットで流行っていることを、彼ら彼女らから教えてもらう。結婚にまつわる若い世代の価値観にも触れ、考えさせられる。

同じ年代の友人と話をしていると、安心はあるが驚きがない。刺激が欲しい私は、若い人と付き合うのが好きだ。年上として、若者に伝えられることは伝えたいと思うが、あくまでも対等な友人関係がいい。

大学で教えていたつれあいにも、教え子だった若い友人がいる。彼ら彼女らから、仕事の相談や結婚、離婚の相談をよく受けている。つれあいたちの飲み会に、私が参加することもある。

若い友人たちのおかげで、我が家はうまくいっているところがあると思う。家の外が充実していないと、家の中も充実しないのだ。

若い友人が、若い恋人に変わることがあるかもしれないし、あってもよい。

男女の関係に年齢は関係ない。相性がよく、自分らしさを邪魔されなければ、相手は年上だろうと年下だろうとかまわない。

親子以上に年の離れたカップルも増え続けている。芸能界では加藤茶さんは45歳違い、堺正章さんは22歳違い。最近の芸人も年の差カップルが多いようだ。多くは男性が年上で女性が年下のパターンだが、これからはその反対も増えてくるだろう。数は少ないが、女性が年上の年の差婚は昔からあった。25歳年上の炭鉱王の妻となった歌人・柳原白蓮は、7歳年下の若い学生と出奔して結ばれた。漫才師の内海桂子師匠は、77歳のときに、24歳年下のマネージャーの男性・成田常也氏と結婚した。成田さんは子どものころから桂子師匠の芸のファンだったという。

私が大好きなマルグリット・デュラスも、晩年、38歳年下の男性、ヤン・アンドレアと恋人関係になり、16年を過ごした。ヤン・アンドレアもまた、デュラス作品の熱狂的なファンだったという。

デュラスとヤンを描いた映画『デュラス　愛の最終章』を見ると、二人は深く愛し合いながら、激しく喧嘩をする。とても私には真似できないと思いつつ、うらやましかった。自分の作品を尊敬してくれ、価値観や感性をある程度共有し、共有できない部分は互いの考え方を探り合えるような若い男性が傍にいたら、どんなに幸せなことか。

デュラスにとってのヤンを、私もこれから探したいと思っている。

私の言葉で表現するならば、若い男性を〝飼いたい〟。お金で飼うのではない。ホストと客のような関係でもない。結婚したいわけでもない。若い相手といることで刺激と情熱をもらい私は若返る。相手は人生の先輩である私からなにがしかを学び成長する。そういう関係に憧れる。

そういう存在ができることによって、つれあいとの関係が揺らぐかもしれないし、変わらないかもしれない。私は身近な人をできるだけ傷つけたくはないと思っているので、揺らいだら悩むだろうが、人生、命ある限り、何が起きるかは誰にもわからない。

反芻する恋があれば幸せ

結婚しない人が増え、２０４０年には独身者が15歳以上の人口の半分にまで増えるという推測もある（独身研究家の荒川和久氏の推測）。このなかには離婚や配偶者と死別した人も含まれるが、結婚相手のいない状態の人が半数程度になるということだ。

結婚する人がいなくなることはないだろうが、もはや多数派とは言えなくなる。現段階でも、結婚していない人は増えている。制度上の優遇やメリットが続けば、結婚を選択する人もいるだろうが、そうした不平等は撤廃し、個人の選択肢を増やしていったほうがよい。その上で、個人の選択に委ねるほうが、婚姻率は上がらずとも出生率が上がることを、ヨーロッパ諸国が示している。

ただし、結婚しないことと、恋愛しないこととは別の問題である。

自立した人間が他人を愛し、大切な時間を共有する営みは尊いものだ。たとえ別れても、いや、失うからこそ、その恋は本物になる、ということを、歳を重ねると痛感する。

目の前にあるものだけが、自分が手にしているものではない。私の人生には反芻《はんすう》してみたくなる瞬間がいくつかある。それが私の財産であり、潤いである。

私の初恋の相手は牛乳配達の美少年だった。

結核が治癒し、大阪の小学校に戻ったころだった。毎朝、6時になると、少年が自転車にのって牛乳を届けに我が家にやってくる。まだ舗装されていない凸凹道を通るので、家に近づくと、ガチャンガチャンと牛乳瓶が触れ合う音がする。それを聞くと私は跳び起きて、２階の自室の窓をあけ、そっと見る。ギリシャ彫刻のような美しい横顔を。それだけで、胸がいっぱいになった。

中学生だった彼の後を、気づかれないようについていったこともある。

私が中学生になり、高校生になった彼と、同じ電車に乗り合わせたことがあった。電車を降り、私と別の道を行く彼を未練がましくじっと見送っていると、ふいに振り向き、笑顔で私に手を振ってくれた。彼は私の視線に気づいていたのだ。もしかして――。と、期待は膨らんだものの、私は高校を出て早稲田に進学をするため、大阪を離れ、それっきりになってしまった。

実はその彼と、私はテレビ番組で再会を果たした。

「初恋談義」という、番組に登場したゲストが初恋話を披露し、スタッフが探し当てた当人と対面する番組である（小川宏ショー、フジテレビ）。

彼のことは30年以上前に住んでいた場所と、名字しかわからない。にもかかわらずスタッフは彼を見つけ出し、かつ彼は出演を快諾してくれた。何を喋っていいかわからぬまま、ぎこちなく本番は過ぎていった。ただそのなかで、私の知らなかった真実が明らかになった。彼は私への贈り物を持って、うちを訪ねていたのだという。私はまったく知らなかった。母親が隠していたのだ。腹立たしく思うとともに、片思いだと思っていた私の初恋は、どうやらそうではなかったと確信した。

しかしもはや月日が経ちすぎた。収録後、二人でお茶を飲み、来てくれた御礼を伝えると、彼は立ち上がって帰っていった。そのとき、胸がキュンと鳴った。

「この首筋だ！」

30年前、私が恋した端正な横顔が、そこにはあった。

高校生のときのボーイフレンドも忘れがたい。毎日一緒にいるくらい仲がよく、付き合ってもいたが、京都大学に進んだ彼と、東京へ行って新しい人生を送らねばと考えていた私とでは、人生が重ならなかった。

その後、社会人になってからの大恋愛についてはすでに述べた通りである。

いずれも結末が別れだったからこそ、何ものにも代えがたいときめきの感情が私のなかにそのまま保存されている。反芻する恋があれば、現実はどうあれ、人は幸せになれる。

自分のなかにその人が生きているかどうか。それが恋の神髄ではないか。つまるところ、恋の結末は失恋。失われない恋はいずれ生活になるからだ。

そう考えると結婚とはいったい何であろうか。それは恋の残滓《ざんし》であり、生活への始まりではなかろうか。恋愛中に結婚する人もいるだろうが、そうであっても結婚とは、最終目標として目指すものではないと私は思うのだ。

これからの努力が「死に方」を変える

NHKのアナウンサーをしていたころ、前述したように全国民に向かって顔をさらしている私のもとにはさまざまな紹介が持ち込まれた。24歳が結婚適齢期と言われた時代である。

結婚する気などないのだから、断るよりほかないのだが、煩わしかった。

そんななか、私の本質を一目で見抜いた人がいる。田中角栄元総理。

田中さんが幹事長時代に、目白の自宅にインタビューに伺った。気さくにインタビューに応じてくださり、引き上げる段になって、プロデューサーが余計なことを言った。

「この人はまだ独身なんです。誰かいい人を紹介していただけませんか」

すると田中さんは私の顔をじっと見てこう言ったのだ。

「いや、この人はダメ。自分で決める人だから」

短い時間で、ズバリと言い当てられた。たった一度、後にも先にもない経験だった。田中さんの見抜いた通り、子どものころに決めた「自分を自分で食べさせる」を貫いて生きてきた。決めたからには、意に染まない仕事もやってきた。メディアという華やかな場所にいるから楽しい仕事ばかりと思われるかもしれないが、決してそんなことはない。そういう状況のなかでも「物書きになる」という夢をあきらめたことはなかった。自分を信じていたからである。

私には「おめでたい才能」がある。自分を信じてあきらめないおめでたい才能。自分に期待し続けるおめでたい才能。自分の才能に溺れるおめでたい才能。その才能が、私の夢を叶えてくれた。

裸になり、自分をさらけ出す覚悟で書いた『家族という病』がベストセラーになり、私はようやく、物書きだけで食べていけるようになった。80歳直前のことである。

長い時間がかかった。しかし夢は叶った。こうと決めて根気よく続ければ、確実になりたい方向に近づいていくものだ。たとえ時間がかかったとしても。

物書きになって忙しくしていると、編集者に「やりたいことは、やり尽くしましたね」と言われた。

失礼な！　いまの私に満足するほど、私は甘くない。

私にはこれからやりたいことがある。秘密主義の私はここでそれを明かすことはしないが、そのための努力を続けている。年齢的に、残り時間が長くないことはわかっている。冷静に考えて、成就しない可能性もあるだろう。

しかし、目標に向かって努力したかどうかで、私の死に方が変わってくる。死ぬときの気持ちが違うはずだ。だからやるのだ。結果を出すためではなく、自分のために。自分が自分に満足して死ぬために。

人は生きてきたように死んでいく。自分の母親を見て私はそう悟った。母は、尊敬していた自分の母と同じ日に死にたいと常々言っていて、実際に同日に死んだ。「そんなことがあるものか」と思っていた私は、度肝を抜かれた。

生きてきたかたちが、そのまま死のかたちになると、母が教えてくれた。

私はおめでたい才能で自分を信じ続けて、やりたいことをやり続けて死にたい。

「下重暁子」に戻って死にます

最後に、私とつれあいのこれからについて、いま考えていることを述べておきたい。つれあいは私より3つ年下だが、二人とも、人生の締めくくりを考える年齢になった。おかげさまでお互い元気で、自分のことは自分でしている。介護が必要なときがくるかもしれないが、なってみないとわからないから、必要以上に心配や準備をしていない。できるだけ最後まで自宅で過ごしたいという希望は持っている。

一つだけ、決めていることがある。それが「下重暁子」に戻って死ぬということだ。

下重暁子は戸籍上の名ではない。このまま死ぬということは、つれあいの家族の一員として死ぬことになる。私はそれを受け入れられない。私は私個人として死にたいのだ。

どうしてそんなに名前にこだわる必要があるのかと、理解できぬ人はできぬだろうし、つれあいも、本当のところは理解できていないかもしれない。しかし私にとっては、名前は「個」の尊厳に関わることなのだ。

下重暁子に戻るための方法にはいくつかある。ベストなのは選択的夫婦別姓が認められることだ。

ところがすでに述べた通り、遅々として進まない。あまり時間がかかると、私の寿命が尽きてしまう。

そこで考えられるのは、つれあいの死後、旧姓に戻る方法だ。配偶者が亡くなった後、「復氏届」を提出することで、婚姻前の姓（氏）に戻すことができる。さらに「姻族関係終了届」を出すと、配偶者の親族との関係を断ち切ることもできる。いわゆる「死後離婚」である。

ただしこれをするには、私がつれあいより長生きをしなければならない。その保証はないから、現実的なのはペーパー離婚に踏み切ることだろう。

つれあいとの生活を変える予定はないが、法的には離婚する。煩雑な手続きなどが発生して億劫だが、他に方法がなければ致し方ない。

その前に、つれあいと真剣に話し、私の意思を正直に伝える。彼の考えもあるだろうから、それは聞いた上で結論を出したい。

いずれにしても自分の終わりは、自分の望むかたちで迎えたいと思っている。

あとがき

沖縄の詩人、山之口貘の詩に結婚をうたった愛すべき詩がある。詩人は、何かの折に〝ケッコン〟〝ケッコン〟と部屋の片隅で鳴く声を聞く。淋しくも哀しい人間の心の奥がうたわれている。

ある人にとって憧れであるものが、ある人にとっては、この上なく面倒なものでしかない。百人百様、カップルによっても違ったものになる。

私にとっては、若い頃、こんなに避けて通りたいものはなかった。なぜなら最も、濃密な人間関係であり、生活という地に足をつけねばならないものだったからだ。

従って、20代から宿命的な大恋愛に身を焼くことになるが、若さゆえの生活という現実に背を向ける恋愛至上主義だったために大失恋することになるのである。当然のことだろう。結婚とは生活であり、最も地に足をつけた生き方であるからだ。それを拒否したしっぺ返しを受けた。

だがそれでよかったと思っている。現実には別れる破目になったが、その一生に一度の恋は、いまも生きていて、彼は私のたった一人の恋人なのだ。

そして、私は、私に生活がすべての土台であることを背中で教えてくれた人と一緒に暮らしている。50年もの長い間。なぜそんなに続いたか。私は私、つれあいはつれあいと、別々の暮らしと生き方を貫いてきたからだ。経済も別、考え方も別でどちらかが相手に合わせることもせず、一人ひとりで生きてきた。それが一番私たちにとっては居心地がよかったからだ。

どろどろした人間関係のなかで暮らすも、多少水くさくとも爽やかな風がいつも間を吹き抜ける間柄を選ぶも、人それぞれである。

私は常に自己表現としての自分の仕事を持っていたくて、そのように生きてきたから、ややこしい人間関係は苦手なのだ。

そのためには相手に期待してはいけない。

自分に期待する分にはいくら期待してもいい、結果は自分に戻ってくるから自分で責任を取ればいい。他人に期待すると裏切られた落胆は大きい。結局愚痴と文句になる。親、子、きょうだい、夫など近しければ近しいほど、激しくなる。

たとえ家族であろうと、人間は生まれてきたときも死ぬときも一人、個人である。個があって夫婦も家族も成り立つ。その自由を奪われてはならない。一人で自立するのは当然二人暮らしでこそ個が試される。「結婚しても一人」の覚悟を持ちたい。気がついたら五月二十九日の今日は、私の八十七回目の誕生日である。

下重暁子

下重暁子（しもじゅうあきこ）

1959年、早稲田大学教育学部国語国文学科卒業。同年NHKに入局。アナウンサーとして活躍後、'68年フリーとなる。民放キャスターを経て、文筆活動に入る。公益財団法人JKA（旧：日本自転車振興会）会長、日本ペンクラブ副会長などを歴任。現在、日本旅行作家協会会長。『家族という病』『極上の孤独』（ともに幻冬舎新書）、『鋼《はがね》の女《ひと》 最後の瞽女《ごぜ》・小林ハル』（集英社文庫）、『人間の品性』（新潮新書）、『孤独を抱きしめて 下重暁子の言葉』（宝島社）など著書多数。

結婚《けっこん》しても一人《ひとり》 自分《じぶん》の人生《じんせい》を生《い》ききる

2023年8月30日初版1刷発行

著　者 —— 下重暁子
発行者 —— 三宅貴久
装　幀 —— アラン・チャン
印刷所 —— 萩原印刷
製本所 —— 国宝社
発行所 —— 株式会社光文社
東京都文京区音羽1-16-6（〒112-8011）
https://www.kobunsha.com/
電　話 —— 編集部03（5395）8289　書籍販売部03（5395）8116
業務部03（5395）8125
メール —— sinsyo@kobunsha.com

 ISBN 978-4-334-10017-9

1267

ChatGPTの全貌
何がすごくて、何が危険なのか？

岡嶋裕史

ChatGPTと上手に付き合う方法を学び、その能力を最大限引き出すには？ 基礎知識からクリエイティビティ、今後の進化、人類の未来への影響までわかりやすく解説。

978-4-334-10013-1

1268

アートとフェミニズムは誰のもの？

村上由鶴

「みんなのもの」になろうとするエネルギーを持っているアートとフェミニズム。両者に対する理解の断絶が進んでいる現在の状況に風穴を開けるには？ 美学研究者による新しい試み。

978-4-334-10014-8

1269

不自由な社会で自由に生きる
「自由論」講義録

ウスビ・サコ編

社会は自由なように見えて、昔も今も違う形で不自由だ。宗教、表現、芸術、性、公共、そして私自身――。私たちを縛るものを知り、自由をつかみとるための8つのレッスン。

978-4-334-10015-5

1270

まんが
押川先生、「抗がん剤は危ない」って本当ですか？

押川勝太郎
おちゃずけ

怖いのは、闘う相手の正体を知らないから――治療の不安、医師との関係、お金、患者会、食事、周囲の人の心得など様々な疑問に、YouTubeで活躍の腫瘍内科医がまんがで答えます。

978-4-334-10016-2

1271

結婚しても一人
自分の人生を生ききる

下重暁子

しょせん、夫婦は他人――。大事なことは「求めない」「期待しない」etc. 夫婦がストレスなく暮らしていくためのヒントとは。50年続いた結婚生活と87年の人生を振り返りながら綴る。

978-4-334-10017-9